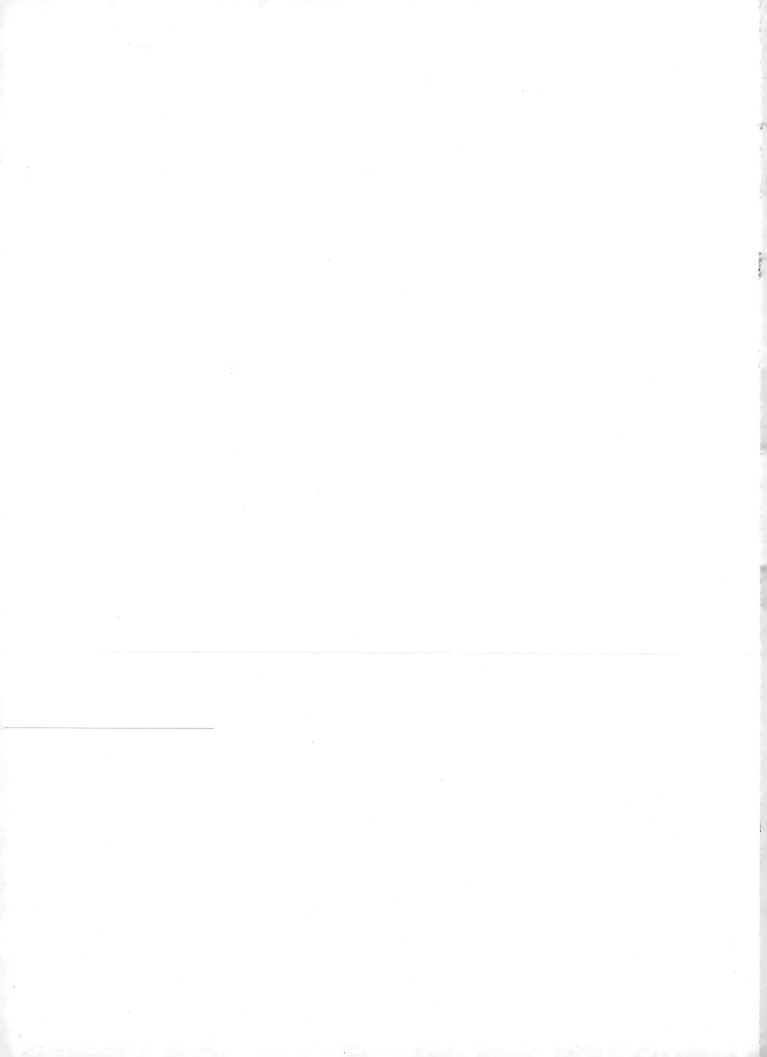

# LAROUSSE

# LA SENDA DEL CABRITO

# LAROUSSE

# LA SENDA DEL CABRITO

Juan Ramón Cárdenas

**DIRECCIÓN EDITORIAL**

Tomás García Cerezo

**EDITORA RESPONSABLE**

Verónica Rico Mar

**COORDINACIÓN DE PROYECTO**

Trinche Estudio / Beto R. Lanz y Arisbeth Araujo

**COORDINACIÓN DE CONTENIDOS**

Gustavo Romero Ramírez

**ASISTENCIA EDITORIAL**

Montserrat Estremo Paredes y Mayra Pérez Cuautle

**DISEÑO**

Jorge Alfredo Fitz Ocampo

**ADAPTACIÓN DE DISEÑO Y FORMACIÓN**

Visión Tipográfica Editores, S.A. de C.V. / Rossana Treviño

**ILUSTRACIÓN**

Arnulfo Guevara Bravo

**FOTOGRAFÍA DE CAMPO**

Beto R. Lanz y Fernando Gómez Carbajal

**FOTOGRAFÍA DE RECETAS**

Fernando Gómez Carbajal

**CORRECCIÓN DE ESTILO**

Evelín Ferrer Rivera, Rosalba Carrillo Fuentes y María Origlia

**ADAPTACIÓN DE PORTADA**

Ediciones Larousse, S.A. de C.V. con la colaboración de Nice Montaño Kunze

*A la memoria de mi padre,*
*don Braulio Cárdenas Cantú*

Durante el tiempo de escritura y producción de este libro ocurrió una pérdida irreparable: mi padre falleció el 3 de julio de 2016. Él estaba al tanto de este proyecto y participó en su elaboración.

Aprovecho este espacio para agradecer las muestras de cariño de las que mi familia y un servidor fuimos objeto tras su partida. Fui testigo de cómo una vida de arduo y honesto trabajo, y una trayectoria vertical e íntegra, dedicada al servicio de la gente, da como resultado gratitud y afecto.

Saltillo, junto a toda la familia Cárdenas, lloró la partida de uno de sus buenos hijos que se fue, literalmente, sobre un jardín de flores.

Papá: este libro no hubiera sido posible sin tus enseñanzas. Nos volveremos a ver.

*Tu hijo,*
*Juan Ramón*

# Presentación

En Larousse estamos comprometidos con la difusión del conocimiento del patrimonio gastronómico de México; un país biodiverso y multicultural con una gastronomía rica, variada, dinámica y con características específicas en cada región. En esta obra se hace presente el noreste del país, una región que se caracteriza por tener un clima y geografía muy distintos a los del resto del país y, por tanto, una flora, fauna y gastronomía muy particulares.

Esta zona seca, con escasez de forraje y difíciles terrenos, es hogar del ganado caprino, animal que desde el punto de vista pecuario, es de los más rentables. Fue introducido a México por los españoles en el siglo XVI y rápidamente se adaptó a las condiciones extremas del noreste. Desde entonces su consumo se ha arraigado en los hábitos alimentarios de los norestenses y se han desarrollado preparaciones únicas que enaltecen los ingredientes regionales y reflejan la personalidad áspera y dinámica de sus habitantes.

El chef saltillense Juan Ramón Cárdenas es un convencido promotor de la cocina mexicana, y en esta obra refleja su pasión por la cocina del noreste y por el maravilloso cabrito. De la mano de amigos, algunos de antaño y otros más recientes, el autor nos lleva por un recorrido personal en torno a la cultura culinaria de este noble animal. Nos muestra un poco de su historia y del desarrollo de la caprinocultura en México; de las manifestaciones culturales alrededor de su consumo, así como de preparaciones y algunos establecimientos de México que tienen al cabrito como protagonista. Asimismo, esta obra ofrece un mosaico diverso de recetas elaboradas con cabrito o chivo; algunas típicas de la región noreste, como el cabrito al pastor y distintas versiones de fritada; además de versiones contemporáneas creadas por el autor y por reconocidos chefs mexicanos que colaboraron en el enriquecimiento de esta obra.

Recorra *La senda del cabrito* y redescubra con esta novedosa propuesta uno de los alimentos más representativos de la región noreste del país.

LOS EDITORES

# Juan Ramón Cárdenas

## EL RUDO NORTEÑO DE LA GASTRONOMÍA NACIONAL

POR

### Jesús R. Cedillo

Alguna vez leí un texto de Andrés Henestrosa que describía al noreste de México como un desierto hostil pero bello, que obliga a sus habitantes a arrancarle jirones de vida, sabor y alimentos a su, aparente, tierra yerma. Parafraseando su bien medida prosa y su lengua de fuego, digo que nosotros sabemos que la riqueza de hoy fue pobreza ayer. La abundancia de hoy debemos cuidarla; el pan siempre ha sido del tamaño de nuestra hambre y por ello, los bastimentos en el desierto y sus especies endémicas son nuestro sustento. Frutos, animales, colores y sabores arrancados con obstinación y arrojo a un desierto bello, oscuro y profundo.

Juan Ramón Cárdenas aprovecha todo del cabrito; sabe asarlo, confitarlo, hornearlo y convertirlo en algo único. Es el chef que ha irrumpido en la escena gastronómica nacional como lo hace un rudo norteño como él: sin permiso. Él crea platillos hijos de una milimétrica preparación y anclados en los productos de la región; así, su Cebiche del desierto es un reflejo de ello: una alquimia de carne seca, aguacate, pepino, cebolla morada, jugo de limón, clamato® y caldo de *ribeye*.

Juan Ramón tiene su herencia culinaria en la sangre. Es hijo de Braulio Cárdenas y Lilia Cantú Garza, fundadores de El Principal, la cadena de restaurantes especializados en cabrito y carnes asadas. Es hijo de los fogones del noreste; por ello, creó el legendario restaurante Don Artemio, el cual llegó a Saltillo gozoso y mitotero desde el principio, mostrando una cocina que nadie había hecho en el estado. Creo que Juan Ramón lo hizo para chingar, para llevar la contraria, ¡sí señores, no tengo duda! Para mí, él es incansable, y vino a revolucionar la cocina norteña con su magia y su toque tempestuoso.

Ahora, Juan Ramón, un hombre de carácter, temple y dedicación, repite la hazaña con un libro. Lo hace, para que nada en torno al cabrito se olvide y otorgarle un linaje escogido a ese producto tan característico del noreste de México, como universal. *La senda del cabrito* deja un testimonio de esta tierra siempre ávida y bella, tan inmensa como irreal.

Juan Ramón Cárdenas, originario de Saltillo, Coahuila, es ingeniero en industrias alimentarias y maestro en administración de empresas por el Tecnológico de Monterrey; también se ha formado con cursos de cocina en escuelas de gastronomía de México, Estados Unidos y Europa.

Su interés por la cocina comenzó desde pequeño en el restaurante de sus padres; allí aprendió los secretos de la cocina del noreste de México, sobre todo del cabrito, de la carne asada y del machacado.

Debido a su temprana incursión en el mundo culinario, Juan Ramón tiene una amplia experiencia en el servicio de banquetes de alta cocina. En el 2004 fue galardonado con el Premio al mérito empresarial restaurantero como mejor banquetero de la República Mexicana por la CANIRAC nacional.

Actualmente dirige y es copropietario de la casa de banquetes Villa Ferré y los restaurantes Don Artemio y Fuego Lento, ubicados en Saltillo, además de participar en los restaurantes familiares: El Mesón Principal, del cual es socio, y El Restaurant Principal.

Con la finalidad de impulsar la cocina mexicana, y en específico la del noreste, Juan Ramón organiza y participa en conferencias y ferias: fundó el ciclo de conferencias Guerreros del Maíz, la Feria del Dulce de Coahuila, y es miembro fundador del Foro Paralelo Norte en Monterrey. Asimismo, ha participado en congresos de cocina internacionales, como Madrid Fusión en Guanajuato, y Latin American Flavors en el Culinary Institute of America de San Antonio.

# Prólogo

POR

*Ricardo Muñoz Zurita*

Este es un libro genuino y único en su estilo. ***La senda del cabrito*** trata un tema inédito en la bibliografía de la gastronomía mexicana. Se trata de un trabajo relevante acerca de la cultura alrededor del ganado caprino en México. Esta obra revisa la historia y las tradiciones en torno a la crianza de caprinos, así como las formas y recetas para prepararlo.

Esta obra está compuesta de aportaciones de varios colegas del ámbito gastronómico, recolectadas cuidadosamente por Juan Ramón Cárdenas. Como era de esperarse, la historia comienza con él mismo y con la trayectoria de su apreciable familia. "El cabrito está en mi sangre" nos dice Juan Ramón, cuando él y su familia han sido criadores, comercializadores, cocineros y promotores de este manjar. La historia del cabrito en Coahuila tiene un capítulo reservado para el trabajo de esta honorable familia. Para gozo de los amantes del cabrito, éste puede probarse de muy diversas formas por la familia Cárdenas Cantú, en los restaurantes El Mesón Principal y Don Artemio en Saltillo, Coahuila.

Para mi gusto, el chef Juan Ramón no pudo haber elegido un tema más original y apropiado para aproximarse a la investigación, ya que a mi saber, de la cultura del cabrito se ha escrito muy poco.

Hay tantas cosas afortunadas en este libro que es recomendable leerlo completamente para tomar mejor provecho de él. En esta publicación queda claro el origen de la llegada del cabrito al noreste de México; sus formas más tradicionales de crianza y preparación, así como la íntima relación entre los distintos entornos donde habita esta especie en varias zonas de México. Mención especial merecen los recuadros de las edades de los caprinos y sus nombres en México, así como el de las razas más comunes en el país. ¡Por fin!, Juan Ramón nos explica de forma clara y precisa, un tema que para muchos mexicanos y para mí es confuso.

Adentrándonos al terreno gastronómico, el autor nos lleva más allá del tradicional asado a la usanza del noreste de México, identificando los guisos populares de otras regiones, como la birria, la barbacoa y el chivo tapeado. Hacer un recuento de todo lo que contiene el libro es casi imposible, pero vale la pena una mención especial acerca del trabajo que se hizo en torno al mole de caderas en la mixteca poblana. Resulta también interesante las páginas dedicadas a los quesos y dulces preparados con leche de cabra.

Finalmente, esta obra cierra con broche de oro con un recetario muy completo que abarca desde preparaciones familiares hasta interpretaciones de platillos tradicionales y versiones contemporáneas presentadas por connotados chefs.

En conclusión, esta es la obra y el recorrido más completo que se ha realizado acerca del cabrito y su gastronomía en México. Se trata, sin duda alguna, de una obra que debe ser leída de principio a fin. ***La senda del cabrito*** no tiene parangón.

# El cabrito está en mi sangre

## MIS MENTORES, AMIGOS Y COLABORADORES: EL NACIMIENTO DEL PROYECTO

La intención de producir un libro cuyo tema girara en torno a algunos aspectos de la cultura culinaria del cabrito en México comenzó a gestarse a finales del siglo pasado, precisamente en 1999. Un día en que estaba departiendo con mi amigo periodista Juan Demetrio Cisneros (q.e.p.d.) acerca de asuntos de cocina en el restaurante El Mesón Principal, en Saltillo, mencioné mi colección de recetas de salsas picantes, y enseguida consideramos la posibilidad de su publicación.

En esa misma charla subrayamos la obligación que muchos cocineros e investigadores culinarios tenemos con respecto a la difusión del trabajo gastronómico. Al cabo de algunas horas concluimos que era una tarea impostergable reunir información y documentos para desarrollar una obra editorial sobre la importancia del cabrito y las formas más usuales de comerlo en el noreste de México.

A lo largo de ocho años me di a la tarea de plasmar mis ideas; los resultados de mis prácticas y el fruto de innumerables entrevistas me llevaron a conformar un acervo que posteriormente me permitiría consolidar un proyecto digno de divulgar.

En el año 2007 tuve una plática con mi amigo Armando Sánchez Quintanilla (q.e.p.d.). El entonces director de bibliotecas del estado de Coahuila, al tanto de mi esfuerzo por consolidar una obra relacionada con el cabrito, me preguntó: "¿Y tu libro para cuándo?" Al instante sentí cómo una aguja hurgaba en mi bagaje de proyectos irresolutos, de esos que sólo existen en la mente de quien los crea y acumula. De momento no supe responder o justificar mi inercia; no tenía una fecha concreta.

Aún no contaba con una estructura de trabajo ni un plan preciso para publicar el libro ideado, pero sin duda lo que Armando, el principal promotor de la Feria del Libro, tenía planeado, precipitó mi resolución. Aquella mañana saltillera, con lluvia fría de septiembre, y durante la presentación de Guerreros del Maíz, Sánchez Quintanilla, al ofrecer las palabras inaugurales del evento, compartió con el público la siguiente sentencia: "Espero que pronto presentemos aquí el libro de Juan Ramón", y esa frase representó para mí un compromiso ineludible.

Ocho años después recibí la llamada de un colega a quien admiro por su impecable trayectoria como cocinero, maestro y emprendedor: Guillermo González Beristáin. Me invitó a colaborar en el proyecto Ven a Comer, una acertada propuesta de la Secretaría de Turismo, cuya finalidad consiste en fortalecer la industria de alimentos en el país y promover la gastronomía nacional. Acepté su invitación y me sumé a emprender aquel laborioso trabajo, mismo que me permitió contactarme con Arisbeth Araujo, periodista gastronómica con quien años atrás ya había trabajado. Durante este proceso conocí a los socios de Guillermo, con quienes he podido "hacer migas" y palpar su talento y profesionalismo: Adalberto Ríos Lanz, Fernando Gómez Carbajal y la misma Arisbeth, conocidos también como Trinche Estudio. Con ellos he viajado por varios sitios de México y puedo dar cuenta de que son expertos profesionales gastronómicos. Gracias a Trinche Estudio he podido cristalizar este proyecto largamente acariciado.

### Agradecimiento particular

Mención especial merece mi hermano Eduardo Sergio Cárdenas Cantú, el menor de mis cinco hermanos, un hombre recio del norte, enamorado del campo y conocedor de nuestros animales: venados, vacas, yeguas, ovejas y cabras. Además de ganadero, restaurantero y emprendedor, Eduardo es dicharachero y muy simpático, pero más que eso es un gran amigo. Eduardo conoce al dedillo todo el territorio de Coahuila y las zonas adyacentes, así como a los mejores criadores de cabras de México, Chile y Nueva Zelanda. Es un experto cabritero y pieza fundamental de este libro. Muchas gracias Eduardo, por todo el tiempo dedicado a este proyecto.

Debo mencionar ahora a otro gran impulsor del trabajo de este libro, mi estimado amigo y mentor en materia de narrativa gastronómica, el poeta saltillense Jesús R. Cedillo, notable escritor y periodista, con quien he compartido en innumerables ocasiones el pan y la sal. De nuestras prolongadas tertulias, incontables tardes de comida, buen vino y mejor charla, con él y otros personajes que día a día transforman para bien Saltillo, surgieron ideas y aportaciones para conformar el proyecto editorial de calidad que ahora se ha hecho realidad.

### RECORRIENDO LA SENDA DEL CABRITO: AGRADECIMIENTOS

Con la elaboración de este libro he enriquecido mi conocimiento sobre el noble animal que da sentido a mi actividad profesional. He viajado y he compartido recetas y anécdotas. Conocí y reencontré a cocineros, restauranteros, investigadores, criadores y productores. He aprendido y disfrutado y, sobre todo, he reforzado amistades de años y cultivado

## Mi vida profesional con el cabrito

En el año 2002 abrí las puertas de Villa Ferré, una casa de banquetes con sede en Saltillo, Coahuila, que a lo largo de casi 15 años se ha ganado muy buena fama por los convites de alta cocina que organiza. No obstante, muchos de mis clientes me piden que además de los menús especiales prepare cabritos asados al pastor. En todos los grandes festejos de mi ciudad siempre hay cabrito; por consiguiente, en toda fiesta de mi familia, el cabrito en cualquiera de sus preparaciones es el alimento por excelencia.

Cocinar cabrito me ha permitido recorrer el mundo, conocer celebridades, hacer trueque con artistas, intercambiar recetas, agasajar invitados, enamorar a mi esposa, dar sustento a mi familia y, lo más importante, ha sido la clave para mi ingreso al mundo de la gastronomía. Mi arduo trabajo y mi pasión por el cabrito me han permitido relacionarme con muchos otros ingredientes. Siempre he analizado los productos desde el punto de vista de la ingeniería en alimentos, mi carrera profesional, y desde el punto de vista de la gastronomía.

Veo un futuro con muchos retos y oportunidades; sigo trabajando en diversos ejes de la gastronomía. Participo con los restaurantes familiares de cabrito como El Mesón Principal y el Restaurant Principal. Dirijo las operaciones y cocina de mi restaurante Don Artemio que cuenta con una oferta de alta cocina. Opero mi empresa de banquetes, con sede en los restaurantes Villa Ferré y La Casa de Arriba, con el objetivo de enaltecer la cocina norestense. Sirvo banquetes dentro y fuera del país.

Ahora estoy invirtiendo tiempo y recursos en mi nuevo proyecto, el restaurante de ahumado Fuego Lento. He destinado una parte importante de mis investigaciones y trabajo a la producción de mezcal, plantando agaves en el desierto, y a la elaboración de la bebida Ojasé utilizando hojasén, una planta medicinal del desierto. El amor hacia mi trabajo y mi profesión, mi forma de vida, mi futuro y el de los míos están cimentados en el cabrito. Llevamos a este animalito en la sangre.

nuevas. *La senda del cabrito* ha significado para mí satisfacción, trabajo e ilustración.

Mención especial merece la recopilación de material en torno a la preparación de la birria. Fue un verdadero festín contar con la colaboración de una gran investigadora de la cocina mexicana y experta en la cocina de su estado natal Jalisco, Maru Toledo, activista social que trabaja sin descanso en favor de Mujeres del Maíz, un grupo que lucha por preservar las antiguas tradiciones de nixtamalizado y de manejo de maíces endémicos. El equipo de trabajo comandado por mi amiga deja claro que la labor culinaria es un verdadero factor de transformación social mediante la capacitación de mujeres en diversos oficios gastronómicos, así como la generación de fuentes de trabajo. Maru Toledo no sólo nos ha

dado una lección de compromiso social, sino que además nos deleitó con dos tipos exquisitos de birria, los mejores que he probado en mi vida. Durante nuestra estancia, la chef Toledo develó el secreto mejor guardado de las birrias: las especias de la receta original y el truco de lavar la carne de chivo con jabón. Muchas gracias Maru, tienes toda mi admiración y respeto.

En el apartado dedicado al mole de caderas, se profundiza, entre otros aspectos, en la tradición de su elaboración; en él, se muestra a detalle el interesante fenómeno cultural que encuentra su origen en la región mixteca, tanto en Tehuacán, Puebla, como en Huajuapan de León, Oaxaca. Para llevar a cabo el trabajo de investigación en aquella enorme comarca contamos con la ayuda incondicional de Luis Cué,

## Mis padres y hermanos

Mis padres se casaron en 1960, en Monterrey, y sirvieron cabrito como banquete de bodas. Quienes lo prepararon fueron mi padre y Angélica, la hermana de mi madre.

En mi boda, en Saltillo, mi esposa Beatriz y yo ofrecimos cabrito a nuestros invitados. La preparación corrió a cargo del equipo del restaurante familiar El Mesón Principal y fue supervisado por mi hermano Braulio, quien ha dirigido estos restaurantes especializados en cabrito desde 1983.

Braulio es un restaurantero de hueso colorado que ocupó la presidencia de la CANIRAC nacional, un puesto honorario y de gran responsabilidad. En mi familia estamos muy orgullosos de este suceso, ya que llegó a ser líder del gremio en el que nos hemos desarrollado a lo largo de nuestras vidas.

Otro de mis hermanos, Eduardo, es un excelente productor de cabritos. Conozco a muy pocas personas que posean los conocimientos de producción caprina de mi hermano menor. Disfruto enormemente platicar con él acerca del tema caprino, así como de acompañarlo a su rancho San Isidro para ver a sus animales.

poblano de hueso colorado, propietario del restaurante El Mural de los Poblanos, estandarte de la cocina poblana. En todo momento nos acompañó Liz Galicia, su chef ejecutiva y cocinera. A ambos agradezco profundamente ser anfitriones fuera de serie. Luis hizo los arreglos para que pudiésemos acceder a la mayor y mejor información acerca del mole de caderas, las cabras o chivos de la región, aparte de encargarse de la organización del viaje a Tehuacán, una experiencia inolvidable, riquísima en sabor y en formación gastronómica. Muchas gracias Luis, por todo tu empeño.

La creación de un libro dedicado al cabrito en México implicó realizar entrevistas a expertos. Agradezco infinitamente por su dedicación a don Braulio Cárdenas Cantú; doña Lilia Cantú Garza; Eduardo Sergio Cárdenas Cantú; Eduardo Velarde; Maru Toledo; Humberto Villarreal, *La Manzana*; Carlos Manuel Valdés; Eduardo Vidal Juárez; José Luis Sánchez; Jorge Alberto Juárez García; Carlos Yescas y a la maestra Altagracia Fuentes.

Asimismo, este libro se ha engrandecido con la colaboración de mis entrañables amigos cocineros, enormes talentos de la cocina mexicana. Gracias a todos por su tiempo, su receta y su franca amistad: Arturo Fernández, Liz Galicia, Ángel García, Jonatán Gómez Luna, Guillermo González Beristáin, Adrián Herrera, Federico López, Ricardo Muñoz Zurita, Édgar Núñez, Sergio Remolina, Francisco Ruano, Alejandro Ruiz, Maru Toledo, Humberto Villarreal y Elena Vázquez Lugo.

## De los Cantú, fritada y cría: dos legados

Mi madre aprendió a hacer fritada observando a mi abuela Fela, quien no sólo preparaba dicho plato, sino que sacrificaba, descueraba y limpiaba los cabritos que a su vez eran criados por mi abuelo, Juan Cantú.

Uno de mis primeros recuerdos olfativos es el del guiso del cabrito de mi madre. Ella preparaba su fritada y, mientras lo hacía, a mí me colocaba en una andadera en la cocina. Mis memorias de aquella cocina están impregnadas del olor de la cocción de la asadura o entrañas y de la sangre. Cada vez que cocino una fritada, o alguien la prepara en alguna de mis cocinas, mis sentidos se despiertan y lo disfruto intensamente. Para mí ese proceso es magia en libertad. La preparación de cabritos es legado de mi familia materna.

### De los Cárdenas:
### cuatro o más generaciones
### haciendo cabrito

He estado ligado al cabrito desde que nací. Para mi familia paterna la preparación y degustación de este animal representa un lazo de unión. Con justicia puedo decir que al cabrito lo traigo en la sangre. Mi bisabuelo enseñó a mi padre a cocinarlo, y él a su vez hizo lo propio conmigo.

Mi abuela Julianita cocinó fritada toda su vida y seguía haciéndolo a los ochenta años. En una ocasión me pidió que le llevara un cabrito recién sacrificado para cocinarlo. Fue muy específica al decirme: "no se te olvide la cabecita". Somos cuatro o probablemente más generaciones de Cárdenas las que hemos hecho cabrito. Ésta es la herencia de mi familia paterna.

### Los Cárdenas Garza, los míos:
### gratas memorias con sabor a cabrito

El cabrito ha permanecido en casa y forma parte de mi familia desde el día de mi boda con Beatriz. Ella y yo nos casamos en el jardín de El Morillo, uno de los hoteles más tradicionales de Saltillo. El banquete se llevó a cabo a mediodía, y el platillo principal, un cabrito al pastor, lo preparamos mi hermano Braulio y yo. Nuestras fiestas familiares siempre han estado engalanadas con cabrito y aquélla no fue la excepción.

Mis hijos crecieron con el gusto por esta carne. A los 8 años mi hija Ana Sofía fue invitada a una fiesta infantil al rancho de la familia de una amiguita. El padre de la festejada, mi amigo Ismael Ramos, llamó a las pequeñas a ver un cabrito que se estaba cocinando al ataúd (horno rústico de carbón). La intención de mi amigo era espantarlas con la apariencia del animal en plena cocción. Sin embargo, al momento de abrir el ataúd, mi hija gritó: "¡Pido la cabecita!" Las niñas no se asustaron;

fueron los adultos quienes se llevaron la sorpresa. De ocasiones particulares como ésta, guardo gratas memorias.

Agradezco a mi esposa Beatriz por su incondicional apoyo. Ella, entre otras cosas, es chef pastelera, y durante muchos años ha mantenido altos estándares en nuestra pastelería del restaurante Villa Ferré. Además de ser una gran esposa y de regalarme todo su amor, aprecio por sobre todas las cosas el que sea una madre enteramente dedicada a nuestros hijos: Beatriz, Ana Sofía, Rodrigo, María Gabriela y Andrés Marcelo.

Gracias Beatriz, por compartir esta senda. Espero caminar a tu lado por muchos años más.

Gracias a mi familia por apoyarme e impulsarme. Por ustedes y en ustedes soy.

# Sumario

El cabrito
en el noreste
de México

# UN ACERCAMIENTO A LA INTRODUCCIÓN DEL CABRITO EN EL NORESTE DE MÉXICO

ENTREVISTA A

*Carlos Valdés*

HISTORIADOR DEL NORESTE MEXICANO

POR

*Juan Ramón Cárdenas*

ara entender la importancia de las cabras y sus cabritos en la cultura y en la gastronomía norestense, es necesario analizar algunos aspectos históricos que contribuyeron a la conformación social y económica de esta zona de México.

Con tal propósito, acudí con al maestro Carlos Manuel Valdés, fundador y catedrático de la Escuela de Historia de la Universidad Autónoma de Coahuila, experto en el tema, quien amablemente me concedió una entrevista.

### ¿CÓMO LLEGÓ EL CABRITO AL NORESTE DE MÉXICO?

En el siglo XVI un grupo de colonizadores españoles se asentaron en la zona noreste de la Nueva España junto con 400 familias de indígenas tlaxcaltecas, quienes trajeron consigo rebaños o majadas de cabras y ovejas.

Algunos regios aseguran que los cabritos llegaron a América con los judíos, a mediados del siglo XVI y, por consiguiente, tanto la crianza como el consumo de su carne y leche son costumbres que dicha población estableció en el noreste de la Nueva España. Pero esta afirmación es un tanto imprecisa. Es cierto que los primeros judíos que llegaron a América

encontraron mayores libertades en el noreste de la Nueva España y, por tanto, fueron ellos quienes crearon una ruta entre el puerto de Tampico, Tamaulipas y San Pedro de las Colonias, Coahuila. Sin embargo, la tradición del consumo del cabrito no es exclusiva de los hebreos sino que también tiene raíces mediterráneas. Además de las poblaciones judías, llegaron también portugueses y sobre todo castellanos, quienes descubrieron en dicha zona características similares a las de su tierra original que favorecían la cría de ganado caprino.

Cabe mencionar que la convivencia de poblaciones judías y portuguesas es algo que ocurrió sólo en el noreste de la Nueva España y en Brasil. El consumo del cabrito en el noreste de México es una tradición con orígenes castellanos, portugueses y judíos.

### ¿CUÁLES FUERON ALGUNAS DE LAS APORTACIONES DEL PUEBLO TLAXCALTECA AL NORESTE DE MÉXICO?

La convivencia del pueblo tlaxcalteca con el español tuvo como resultado una simbiosis de algunos elementos culturales que se refleja, entre otros aspectos, en la gastronomía de la región. Los españoles aportaron recetas y técnicas, mientras que los tlaxcaltecas enseñaron a los primeros la producción

# MIGRACIÓN CAPRINA
## a América

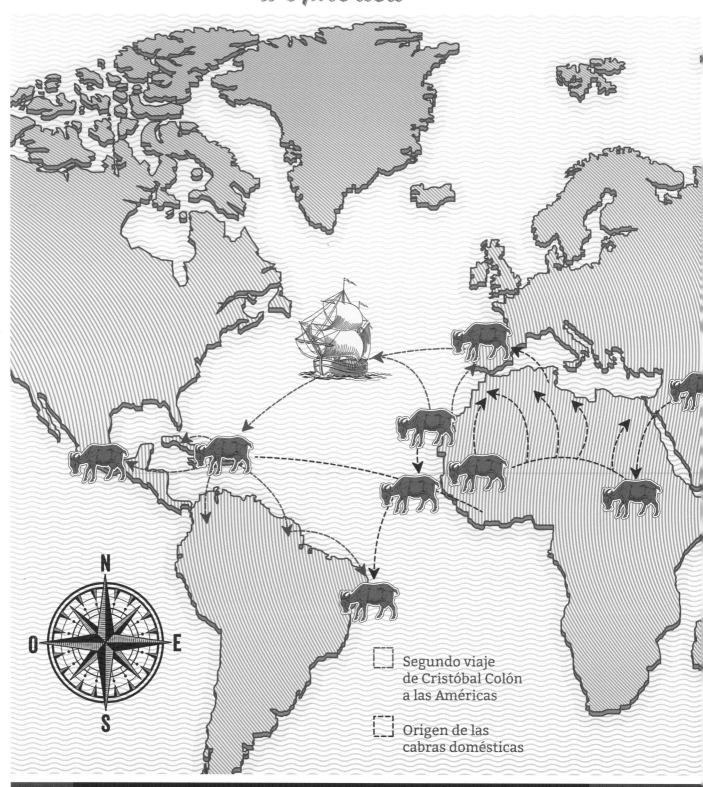

Segundo viaje
de Cristóbal Colón
a las Américas

Origen de las
cabras domésticas

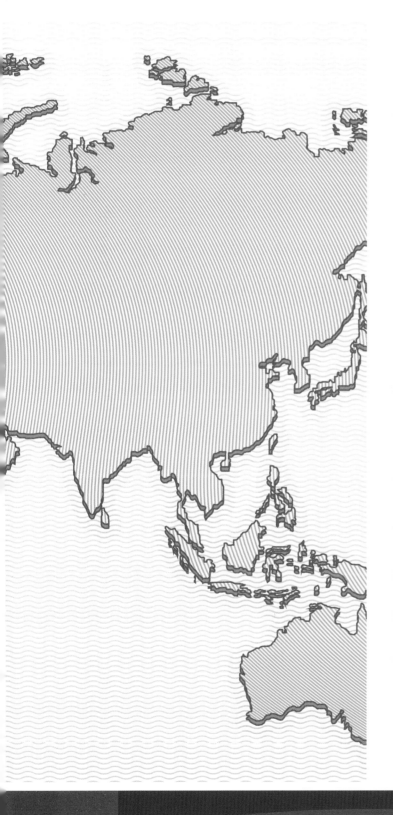

De acuerdo con diversos estudios, la domesticación de la cabra comenzó aproximadamente hace 7 000 años en el Medio Oriente, en la región que hoy ocupan Irak, Irán y Turquía.

Por su gran capacidad de adaptación a entornos hostiles como el desierto, y debido a que de este rumiante se obtiene carne, leche, cuero y pelaje, las poblaciones de cabras se desplazaron junto con las tribus que perfeccionaron su domesticación y pastoreo a través del Medio Oriente y Asia Central, así como en el norte de África, Europa Oriental y la mayor parte de la zona mediterránea.

A partir del siglo xv, con las expediciones transoceánicas, las cabras viajaron al continente americano. De las Antillas partieron naves que, entre otras especies, transportaron cabras para ayudar al desarrollo de la colonización del sur, centro y norte de América.

En el territorio que hoy es México la distribución de los caprinos obedeció a los intereses del Virreinato. Los territorios donde se dio una proliferación de los rebaños son los del Altiplano, la región Mixteca, los actuales estados de Guerrero y Michoacán, y el noreste, especialmente en Coahuila, San Luis Potosí y Zacatecas. Las condiciones naturales de estas zonas son ideales para la crianza de caprinos, y por ello los productos derivados de este animal son parte de la cultura gastronómica de esta región del país.

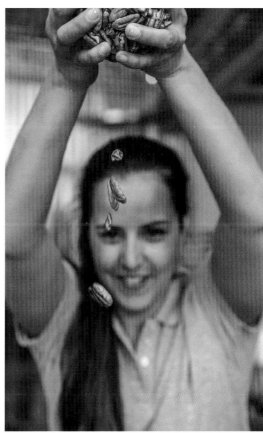

tradicional del pulque; esto resultó en preparaciones que se acostumbran todavía en nuestros días, como el pan de pulque y el cabrito al pulque.

Mientras que con la leche de las cabras traídas por los tlaxcaltecas se elaboraba queso; con la lana de las ovejas se comenzaron a desarrollar telares; de ahí nace la costumbre norestense de fabricar textiles. Desde entonces los sarapes de Saltillo dan de qué hablar por su diseño y calidad.

## ¿CUÁL FUE LA RUTA QUE SIGUIERON LOS TLAXCALTECAS PARA LLEGAR A COAHUILA?

La ruta inició en la Ciudad de México y posteriormente recorrieron lo que hoy es Querétaro y San Luis Potosí hasta llegar al sur del actual Coahuila.

Hacia 1594, los tlaxcaltecas se asentaron cerca de la Villa de Santiago del Saltillo; fue su asentamiento más importante, donde fundaron 14 colonias o pueblos. Con ellos llegaron árboles frutales y la tradición de cosechar estacionalmente, pues los tlaxcaltecas eran buenos agricultores. Después de Saltillo, fundaron Parras, Guadalupe de Nuevo León, Monclova y San Pedro de las Colonias. No hubo una sola misión que no fuera exitosa para los tlaxcaltecas.

## ¿CUÁLES SON LOS ORÍGENES DE LA GASTRONOMÍA DE SALTILLO?

En la época del Virreinato la comida en Saltillo no era particularmente buena en cuanto a sabor y variedad; los pobladores originarios, en su mayoría pobres, comían grasas, pan y queso viejos. La enorme distancia que existía entre Saltillo y la Ciudad de México, así como las duras condiciones para producir en el desierto, complicaron el desarrollo de una gastronomía significativa durante varios siglos.

El cabrito asado a la leña o a las brasas, cuya preparación es sumamente sencilla, surgió de la necesidad de los pastores de alimentarse durante sus largos recorridos en el desierto; es por ello que a dicha preparación se le conoce como cabrito al pastor. Se suele acompañar con tortillas de harina de trigo que también son muy fáciles de preparar. Este tipo de tortilla se consume más que la de maíz, pues en la región el cultivo del trigo se desarrolló junto con el de la vid desde el arribo de los españoles al noreste de la Nueva España. Asimismo, existen documentos que datan del año de 1777 que indican que con la harina de mezquite se elaboraban tortillas.

Desde entonces, Saltillo es la tierra del cabrito, del trigo y del vino.

# NUESTROS ANIMALES Y EL TERRUÑO

POR

*Eduardo Cárdenas*

CRIADOR DE CABRITOS

El cabrito es mi vida. No puedo hablar en nombre de todos los saltillenses, pero sin duda quien tenga raíces coahuilenses puede reconocer a este animal como parte fundamental de nuestra cultura. Al ser la columna vertebral de la cocina regional, el cabrito está presente en celebraciones, en nuestros fines de semana y en las reuniones familiares, y es el platillo que nuestros visitantes eligen cuando se trata de probar la esencia de Coahuila.

En todas las ocasiones especiales mi familia tiene al cabrito como un invitado más. Para nosotros, esto no es únicamente la preparación de un platillo importante; se trata de nuestra historia, del legado que recibimos, de una fortaleza y de un lazo de unión.

En la actualidad yo vivo de la comercialización de cabritos, pero desde hace años he invertido tiempo, estudios y recursos para poder ser criador de mi ganado.

Es importante mencionar que, aunque Coahuila siempre ha sido un estado productor de caprinos, durante décadas no recibió un merecido reconocimiento. Hasta hace algunos años el crédito se lo llevaba Nuevo León, y ello tiene que ver con el enorme consumo de esta carne en la ciudad de Monterrey.

En Saltillo nuestra familia ha hecho grandes esfuerzos no sólo por mantener la excelencia durante todo el proceso productivo para obtener cabritos de gran sabor, sino también para darlos a conocer. Desde hace años abrimos un grupo de restaurantes que ahora son reconocidos a nivel nacional como los mejores para probar las recetas tradicionales y las creaciones vanguardistas a partir de crías de cabra producidas en Coahuila.

## ZONA CABRITERA

Desde hace 20 años el cabrito de Saltillo ha aportado a esta región un reconocimiento por algo que ha sido siempre: una gran zona cabritera.

En estados como Coahuila, Nuevo León y Tamaulipas los caprinos son símbolo de identidad. Esta zona es ideal para la crianza de esta especie. Las condiciones geográficas y climatológicas facilitaron la adaptación de estos animales que llegaron del Mediterráneo hace cinco siglos.

Por razones ligadas a factores como la biodiversidad y la forma de trabajar de nuestra gente, el cabrito del noreste es el mejor de México. Sin embargo, en lo que se refiere a la comercialización, el problema no resi-

de en encontrar compradores, sino en abastecer el mercado. Desde hace algunos años la caprinocultura viene en picada debido a diversos factores como el cambio climático y la privatización de la industria ganadera y de los ejidos.

Importantes cambios generacionales se han dado con relación a la educación, la migración e incluso la mentalidad popular que ha modificado positivamente la opinión sobre la ganadería y el pastoreo. El abasto que teníamos 25 años atrás ha disminuido. La caprinocultura ha sido fundamental en el desarrollo regional, pues ésta es una actividad que no pasa inadvertida.

## EL DECLIVE DE LA CAPRINOCULTURA

Los caprinocultores que habitan en el desierto viajan quincenalmente a Saltillo donde invierten el dinero de su producción. Ellos son parte imprescindible del ciclo económico de la región, y cuando su producción disminuye, el comercio se desacelera.

El ganado caprino siempre ha estado ligado a un sector de bajos recursos; sin embargo, los caprinocultores siempre tienen algo que comer porque quien cría cabritos nunca muere de hambre.

En mi opinión, este sector agropecuario debería recibir mayor impulso de quienes están obligados a otorgarlo. No logro entender del todo por qué no se retoma como bandera del ramo productivo. En el atlas agropecuario de 2014 el cabrito ya no figura, y eso me parece grave.

Hace sólo una década México era el principal productor de cabras de América Latina. Ahora Brasil ostenta el primer lugar, y creo que muchas personas en México permanecen impávidas ante este hecho. En el año 2000 se sacrificaban medio millón de cabezas en los rastros municipales de Coahuila. En 2013, únicamente se reportó el sacrificio de 89 mil animales.

El principal factor en contra de la cría del ganado caprino es la sequía, que afecta incluso a estos animales que se adaptan fácilmente a condiciones extremas. Desafortunadamente, muchas personas ya no quieren criar cabritos porque les resulta más rentable y menos duro trabajar en fábricas.

Creo que con una mayor difusión y concientización acerca de las ventajas del consumo de carne de cabrito, la demanda y la producción podrían aumentar. Por ejemplo, según la American Meat Goat Association, la carne de cabra tiene menos calorías que la del pollo y más proteínas que la de res. Además, actualmente la técnica de crianza de esta especie es exactamente la misma que hace 2 000 años. La ganadería caprina no se ha tecnificado, por tanto, puede decirse que éstos son animales orgánicos sin certificación.

## CRIANZA DEL CABRITO

Existen tres métodos de crianza para el ganado caprino: el extensivo o pastoreo en un ecosistema natural; el intensivo o la cría dentro de establos, y el semi-intensivo, que consiste en pastoreo en praderas creadas explícitamente por el ganadero. En este último, la alimentación natural se complementa con fórmulas alimenticias especializadas.

La calidad del suelo es muy importante para la crianza. Las zonas desérticas y semidesérticas de estados como Coahuila, Nuevo León, San Luis Potosí, Querétaro, Oaxaca o Guanajuato son óptimas para la crianza de ganado caprino. En la zona tropical la cabra se adapta con muchas dificultades; aunque no es una labor imposible, sí es muy costosa y laboriosa. Los agostaderos de Saltillo son los mejores que conozco, por eso la carne es distinta. Asimismo, el sabor de los cabritos o de la leche de cabra cambia en cada región.

## RECONQUISTAR EL PALADAR Y AUMENTAR EL CONSUMO DEL CABRITO

A mi parecer, una tarea impostergable es la de hacer que las nuevas generaciones vuelvan a comer cabrito; hay que reconquistar el paladar de la gente que ha dejado de consumir esta carne por opciones más procesadas.

Se deben crear y ofrecer una mayor variedad de platillos, labor en la que Juan Ramón trabaja permanentemente. Si se organizaran ferias con el cabrito como temática principal y se promocionara el consumo de esta carne en estratos sociales con mayor poder adquisitivo, la demanda aumentaría, y ello ayudaría a incentivar la producción y mejorar la situación rural actual.

Aunque son pocas las formas tradicionales de preparar el cabrito, éstas son parte de la tradición colectiva de los coahuilenses. En nuestro estado hay 38 municipios en los cuales seguramente existen sitios donde se puede comer una buena fritada, así como restaurantes con mayor especialización donde disfrutar cabritos al ataúd y al pastor.

Yo consumo el cabrito de todas las formas posibles, pero mis favoritas son: al pastor, a la andaluza y relleno, cuya preparación procede innegablemente del Medio Oriente.

Creo que ayudar a que este negocio progrese, trabajando cerca de mi hermano Juan Ramón es una de las razones por las que soy un hombre afortunado. Trabajo en lo que más me gusta y aparte disfruto del talento creativo de ese incansable ingeniero, chef e ícono de la cocina del noreste que es mi hermano.

A mi familia y a las familias que trabajan con nosotros no nos queda duda: nosotros elegimos al cabrito como forma de vida y en esto vamos a seguir. Hacemos un enorme esfuerzo para que en un futuro próximo podamos ver más cabrito en las mesas de muchos mexicanos. Estoy seguro de que les gustará lo que hacemos.

# EDADES DE LOS CAPRINOS
## y su nombre en México

## CABRITO
### 0-45 días

Se denomina cabrito a la cría de la cabra que lleva una alimentación exclusiva con leche, desde que nace hasta que cumple 45 días. Durante ese periodo, el criador se encarga de que la madre amamante a la cría la mayor cantidad de veces posibles para lograr un mayor engorde. La forma más eficaz de lactancia es cuando el cabrito se mantiene estacado.

## TRIPÓN
### 46 días-3 meses

Cuando las crías comienzan a rumiar pasto se les conoce como triponas; el sabor de su carne cambia y se torna más intenso. En las hembras, la variación de sabor tarda un poco más en ocurrir que en el caso de los machos; por lo tanto, tiene un gusto más sutil. Un gran número de cabritas se mantiene con vida, pues se utilizan para regenerar los rebaños.

## PRIMAL
### 3-6 meses

El primal se considera como un animal tierno, sin embargo, en el noreste de México el consumo de su carne no es muy apreciado debido a que presenta un sabor fuerte. Los primales sirven para algunas preparaciones descritas en este libro, como la birria o el chivo tapeado.

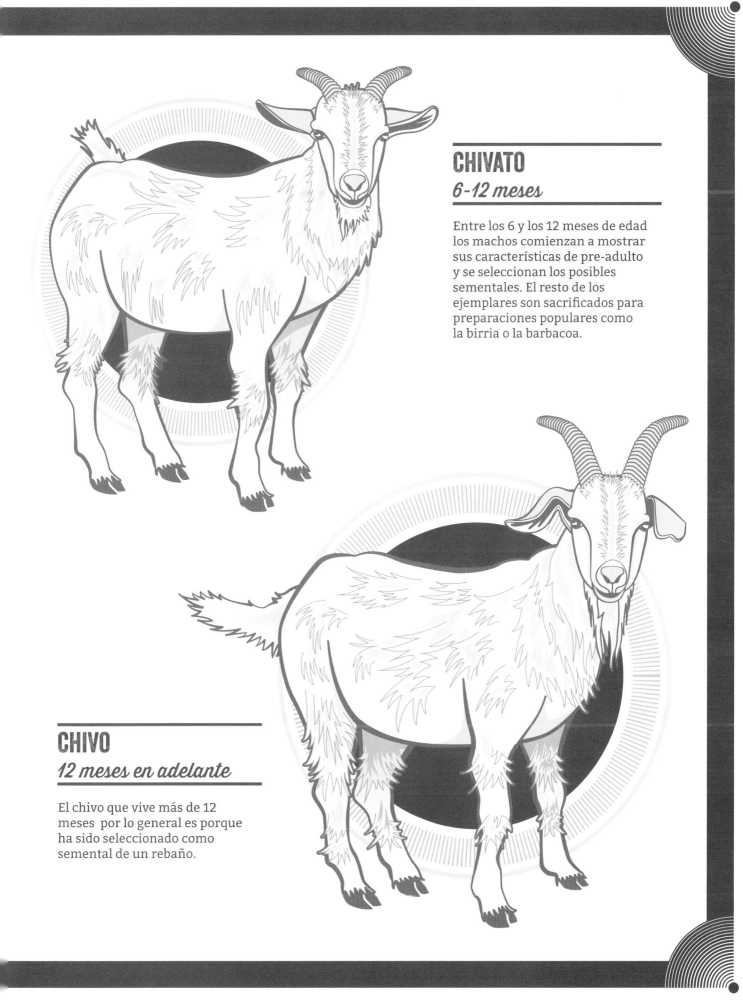

## CHIVATO
*6-12 meses*

Entre los 6 y los 12 meses de edad
los machos comienzan a mostrar
sus características de pre-adulto
y se seleccionan los posibles
sementales. El resto de los
ejemplares son sacrificados para
preparaciones populares como
la birria o la barbacoa.

## CHIVO
*12 meses en adelante*

El chivo que vive más de 12
meses  por lo general es porque
ha sido seleccionado como
semental de un rebaño.

# CHIVOS

POR

*Adrián Herrera*

CHEF Y ESCRITOR

Comienza la oscurana y el hombre los guía hacia la cueva. Atraviesan un páramo rocoso, bajan por una cañada seca, y los animales van arrancando y masticando las poquitas hojas que encuentran. Suben por una vereda polvorienta y luego de flanquear un risco llegan a la cueva. Eco de chillidos de coyotes se esparce por el desierto; en alguna ranchería lejana ladran perros. Sobre el firmamento aparecen las estrellas más luminosas. Un vestigio de luz hacia el oeste delinea contra el ocaso la silueta de la serranía lejana, al tiempo que un viento herbáceo y fresco comienza a soplar. Ya cantan los grillos y se escuchan los delicados cantos de las aves nocturnas.

El hombre baja el atajo de leña del asno, lo desata y prepara la hoguera. Abajo, en el aguadero, el ronco discurso de los sapos hace temblar el aire y el viento silba entre las hojas de los mezquites. Un hilillo de humo se arremolina y sube tembloroso hacia el ennegrecido techo de la cueva. El hombre se pone en cuclillas y sopla suavemente; exhala un espíritu ancestral, y la yesca se enciende. Pronto las llamaradas se entrelazan en una espiral que se retuerce en crujidos y notas chirriantes y hace brillar las paredes salitrosas del refugio.

Ahora el hombre se tumba sobre el petate, enciende un cigarrillo y bebe mezcal. Silenciosos, los chivos lo miran. La madera se consume lentamente y llena la cueva con aromas ahumados y resinosos. Afuera el viento sopla sobre un cielo despejado y sin luna; las constelaciones avanzan lentamente mientras la luz en la cueva languidece. El hombre va quedándose dormido, arrastrado por un letargo tan largo y profundo como sus años. Los chivos se le acercan lentamente y lo rodean. Pronto cae dormido.

La lumbre, apaciguada, apenas deja entrever un calor oculto, misterioso; un rescoldo que lanza una luz tenue que alcanza a iluminar los cuerpos de aquellos animales que ya se transforman. Un frío viento del cosmos entra en la cueva y los envuelve con polvo de estrellas; sus ojos brillan con la luz de los astros, y a medida que toman forma humana exhalan el viento lejano del tiempo.

El hombre sueña, como todas las noches, que está rodeado de hombres con taparrabo, plumas, rocas y huesos; hombres que vivieron en los desiertos hace tantos siglos y que en susurros hablan una lengua perdida que despierta con el fuego y el viento y claman su historia, su recuerdo y legado: permanecen.

La hoguera termina por extinguirse, y el frío, la oscuridad y el silencio lo ocultan todo.

# LA PESCA DEL CABRITO

*Beto R. Lanz*

PERIODISTA Y FOTÓGRAFO

Eduardo Cárdenas y yo salimos de Saltillo por la mañana. Él, un criador dedicado al cabrito, viajaba en su *pick-up* para escoger a sus animales. Yo, un periodista con el objetivo de aprender más acerca de esta especie que por siglos ha servido de sustento a millones de personas, alisté mi cámara para hacer un recorrido de dos días a través de las praderas desérticas del noreste de México.

Eduardo aprendió de sus mayores y por experiencia sabe que para obtener los mejores cabritos es imprescindible buscar con persistencia. Elegir los ejemplares perfectos es el derecho de quienes, por años, hacen el esfuerzo por acercarse a los criadores más dedicados. La labor de selección exige recorridos tales que se pierde la noción de las horas y los kilómetros.

Mientras sostenía el volante y miraba fijamente aquella recta interminable de la carretera, Eduardo me contó: "Tengo 27 años haciendo este recorrido. Viajo hasta Ciudad Acuña porque ahí encontramos el mejor producto. Por la forma en la que son criados desde su nacimiento y por las características de los agostaderos en la región fronteriza de Coahuila y Texas, los animales dan más y mejor carne. En

esos montes existe una vegetación que les encanta a las cabras".

Desde muy joven, el hermano menor del chef Juan Ramón Cárdenas ya tenía la intención de dedicarse al negocio que ha dado el sustento a su familia durante generaciones.

"Veinte años atrás subía en una camioneta, enganchaba mi traila para cargar al rebaño y hacía estos mismos recorridos para reunirme con los cabriteros. Debido a la demanda de aquellos tiempos, había una oferta de hasta 20 mil cabezas por temporada."

## EN EL MAR PREHISTÓRICO DE CHIHUAHUA

Durante el trayecto vimos parajes cuyo aspecto, esculpido por el calor diurno y las heladas noches, narra la historia de esto que fue el fondo de un mar prehistórico. Surcamos tramos del gran desierto de Chihuahua que abarca áreas inmensas de los estados del norte mexicano y del sur de Estados Unidos. Nos detuvimos o, mejor dicho, le pedí a mi guía experto que nos detuviésemos en incontables ocasiones para fotografiar los territorios en los que los

LA PESCA DEL CABRITO —— 43

pastores de hace cinco siglos encontraron el ambiente idóneo para apacentar sus rebaños.

Hoy, los descendientes de aquellos caminantes y de sus hatos siguen por aquí, aprovechando los dones de estos climas extremos. Hice fotos de planicies y agrestes cerros que cortan el horizonte de azul profundo. En pequeños poblados encontramos a personas dedicadas a la crianza de caprinos.

En nuestro trayecto descubrimos restaurantes que ofrecen cabrito en sus letreros exteriores; las dulcerías prometen delicias preparadas con leche de cabra y los corrales se observan al pie de los montes. Éste es el territorio del cabrito donde abundan los mezquites, y las colinas agrestes forradas de espinas y cubiertas de rocas son un deleite para los animales que durante siglos han trazado por aquí sus senderos.

"Cada año, cuando empieza la temporada, vengo para acá en busca de lo mejor para mis restaurantes. Antes hacía dos viajes por semana, desde la capital del estado a Ciudad Acuña. En periodo de selección hacía casi treinta viajes. Hace unos diez o quince años compraba y transportaba cerca de 12 000 ejemplares que se consumían en Saltillo y Monterrey. Ahora la demanda ha disminuido y únicamente me llevo unos 2 500 y viajo tres o cuatro veces."

## HUMEDALES PARA LAS CABRAS

Actualmente, en esta zona limítrofe binacional trabajan aproximadamente 40 productores que aportan 3 000 cabritos. Los Cárdenas adquieren la mayor parte de éstos porque saben que por sus peculiaridades son preferibles a aquellos de la zona tropical cercana al Golfo de México.

"Hay humedales donde brota una variedad de arbustos que absorben micronutrientes de esos suelos y cuando las cabras los comen se fortalecen notablemente. Estos químicos alimenticios son transmitidos de las madres a los cabritos a través de la leche. Por esta razón, los de aquí engordan más; su carne es más blanca, la grasa es más sutil y por ello, son más sabrosos."

Al cabo de siete horas de trayecto llegamos al ejido Santa Eulalia donde viven la mayor parte de los pro-

veedores de la familia Cárdenas. La tarde se acababa y alcanzamos a ver la llegada de algunas majadas o rebaños a sus encierros; faltaban pocos minutos para que la noche hiciera imposible mi labor fotográfica.

Pasamos la noche en un rancho cinegético que alberga a cazadores que viajan de Estados Unidos y Canadá en busca de venados y otras especies. En el rancho cenamos de forma abundante y así concluyó la primera jornada.

Con los primeros rayos de sol salimos rumbo a los parajes donde se encuentran algunas de las mayores majadas de la franja fronteriza. Acompañados por un par de cabriteros que hicieron las veces de guías, salimos de la carretera y nos adentramos en senderos rurales a través de los páramos. El calor aún era bastante soportable en el camino rodeado de rocas partidas por el bochorno en los lechos de los que muy de vez en cuando son arroyos, afluentes del próximo río Bravo. Las veredas parecen no tener una lógica y sólo hacen sentido para quienes las conocen como las líneas de sus manos.

## EL SITIO DE LA PRIMERA MAJADA

Los rancheros nacieron y crecieron aquí; vivieron las épocas de bonanza para la ganadería caprina y sobreviven gracias a la misma actividad a pesar de los cambios en el clima, de la baja demanda en el consumo de su producto y del flagelo de las bandas de narcotraficantes que operan a lo largo de los territorios colindantes con Estados Unidos. Tras una hora llegamos a la primera majada.

"Aquí llamamos majada a los rebaños de cabras. Por lo general se encuentran apartados de las poblaciones debido a que los pastores o majaderos requieren enormes espacios para salir a caminar por los montes y llanuras." Eduardo no para de compartir su conocimiento y cuenta que "normalmente los grupos se encierran por las noches en corrales rudimentarios pero resistentes. Esto no sólo es para evitar que los animales se dispersen, sino para protegerlos de depredadores como coyotes, felinos e incluso osos que suelen cazar en la zona".

Al pie de un monte, utilizando la ladera como apoyo, hay una sencilla construcción que sirve como casa

y bodega a los cabriteros. Junto a ella hay un espacio cercado, a cielo abierto, de unos 500 m², al interior del cual alcanzo a contar algunas decenas de cabras que descansan a la sombra de un grupo de mezquites dentro de tablones que sirven como valla.

Las cabras comen, amamantan, duermen, se dan de topes y miran fijamente con esas curiosas pupilas horizontales de expresión sosegada, mientras que los cabritos retozan por doquier. Las crías de esta especie son especialmente inquietas: saltan, corren y balan en todo momento; poseedoras de una energía inagotable y de un descontrol, dan lugar a la mofa popular "estar loco(a) como cabra".

Durante nuestra visita platicamos con los cabriteros. Eduardo toca algunas crías, hace observaciones y acuerdos. Caminamos un poco tratando de averiguar las condiciones del clima y de los animales en la presente temporada, y al cabo de media hora de hacer fotografías e intercambiar información con los señores del desierto, subimos de nuevo al vehículo y salimos en busca de la siguiente majada.

## "PACTAR" A UN CABRITO

"Normalmente llego a un acuerdo verbal con los ganaderos; escojo algunas muestras y mis acompañantes concluyen los tratos. Quizá unas horas más tarde o pocos días después, las personas que trabajan conmigo, regresan con sus camionetas y sus trailas para recoger los cabritos pactados." Eduardo me cuenta que su relación con esta gente es muy estrecha.

"Me llevo muy bien con los productores. Ellos saben que cada temporada vamos a venir por la mayor parte de las crías. Es un hecho que si tratan y alimentan bien a sus animales, si los cabritos están sanos, haremos tratos. Tenemos un compromiso cíclico. Ellos confían en nosotros y viceversa. En ocasiones les hago préstamos de dinero o maquinaria y sé que siempre me van a responder. Somos gente de palabra."

Al llegar a la tercera majada el sol se encuentra en el cenit, mismo que parece no querer abandonar. El termómetro marca más de 40 °C, y los únicos que parecen impávidos son los caprinos. Al interior de los encierros que visitamos durante la primera mitad del día, observe que se adaptaban pequeñas enramadas o techumbres de lámina o madera para resguardar a los animales; sin embargo, en ésta observo una especie de casitas; unos cobertizos triangulares armados con un par de lajas apoyadas entre sí, a manera de letra "A", con el piso del establo como base.

"Esas casitas son las tradicionales. De noche protegen a los cabritos del frío, especialmente durante el invierno y la primavera. Las temperaturas son cruelmente heladas durante las madrugadas. De día son una fresca protección contra los rayos solares. Cada vez son menos los criadores que usan esta construcción tradicional, pero a mí me parece perfecta para las condiciones de esta zona", comenta Eduardo.

Tras cerrar un trato más y casi completar este viaje tomamos una nueva ruta para echar un vistazo a zonas en donde la naturaleza ha esculpido pequeños cañones. Subimos a la torre de un pozo de agua en cuya cima hay una de esas hélices que en algunos parajes desérticos lucen como los únicos hitos de actividad humana en medio del territorio dominado por las cactáceas, los arbustos, "la gobernadora" y los bosques de mezquites.

### DE VUELTA A SALTILLO, SOBRE LA TIERRA DEL SOL Y DEL TEX-MEX

Desde lo alto el desierto es aún más bello; luce más imponente y promete un atardecer que al cabo de tres o cuatro horas teñirá el cielo con una paleta de tonos cálidos, fríos y rosáceos, difíciles de observar en otras partes de México. Permanecimos algunos minutos contemplando el espectáculo natural desde la torre metálica y después nos dispusimos a volver al lugar desde donde partimos: Saltillo.

Eduardo me comenta que el viaje, como todos los anteriores, ha sido muy satisfactorio. Encontrar el ganado correcto y llevarlo al plato del comensal implica un enorme empeño, pero una vez más ha sido de provecho. Para volver a la capital de Coahuila teníamos que recorrer 500 kilómetros, pero después de avanzar 200, el hambre arreció. Llegamos al pueblo de Sabinas para detenernos en el restaurante La Estaca, la escala preferida de Eduardo y su familia en este peregrinaje suyo.

Mientras tomamos una cerveza helada comimos chicharrón al estilo norestense y chiles güeros rellenos de queso y envueltos en tocino. En la rocola sonaba algo de música *country* alternada con norteña, acompasada por acordeón y bajo sexto. Asimismo, los letreros de neón que ofrecen indistintamente Carta Blanca y Miller Light, resplandecían intermitentemente.

Los muros de La Estaca contienen cornamentas y un letrero que asegura que "es poco lo que tomo pa' lo que me gusta". Esto es el noreste; esto es tex-mex;

aquí es Coahuila; aquí conviven los *cowboys* y los majaderos; los cabriteros y los ingenieros. Ésta es la tierra del mezquite, de los asados, de la cerveza y del vino. Aquí hay siglos de tradición y retos para el futuro. Aquí se trabaja la ganadería caprina y se preserva el desierto. Aquí viven el sol, los Cárdenas y millones de mexicanos que trabajan un chingo. El esfuerzo se nota; cada peso cuesta mucho y contiene las gotas de sudor de todos los que recorren el desierto en busca del sustento. No importan las clases sociales, todos recorren la misma senda con el propósito de legar a sus hijos.

Recorrimos los mismos caminos de regreso admirando el trabajo de los hombres, probando la cocina de las mujeres y capturando la belleza eterna del norte de México. Nos maravillaron los panoramas de dos naciones separadas por un río. En cuanto a fotos, le di vuelo a mi cámara y, parafraseando el letrero del bar, "fue poco lo que tomé pa' lo mucho que me gustó".

Así como decenas de viajes previos, Eduardo disfrutó éste sabiendo que no transcurriría mucho tiempo para retomar las sendas y hacer una nueva pesca de los mejores cabritos: la pesca en desierto abierto.

EL DESIERTO DE CHIHUAHUA TIENE UNA EXTENSIÓN DE 450 000 KM²
Y ES CONSIDERADO EL MÁS GRANDE DE AMÉRICA DEL NORTE. CUBRE
GRAN PARTE DE LOS ESTADOS DE SONORA, CHIHUAHUA Y COAHUILA,
ASÍ COMO UNA PARTE DE TERRITORIO ESTADOUNIDENSE.

# RAZAS

## más comunes en México

### Alpina

| | |
|---|---|
| **COLOR:** | 8 patrones diferentes de color |
| **OREJAS:** | erguidas |
| **CARA:** | recta, nariz no romana |
| **PELO:** | mediano a corto |

### La Mancha

| | |
|---|---|
| **COLOR:** | cualquier combinación de color |
| **OREJAS:** | **Gopher:** máximo de 1 pulgada **Duende:** máximo de 2 pulgadas |
| **CARA:** | recta, nariz no romana |
| **PELO:** | corto, fino y brillante |

### Saanen

| | |
|---|---|
| **COLOR:** | blanco |
| **OREJAS:** | erguidas |
| **CARA:** | recta o forma de plato, nariz no romana |
| **PELO:** | corto y fino |

Las cabras crecen en climas áridos y semiáridos.
En el mundo existen más de 60 razas de cabras.
En México se encuentran algunas de ellas, a continuación
presentamos las más comunes.

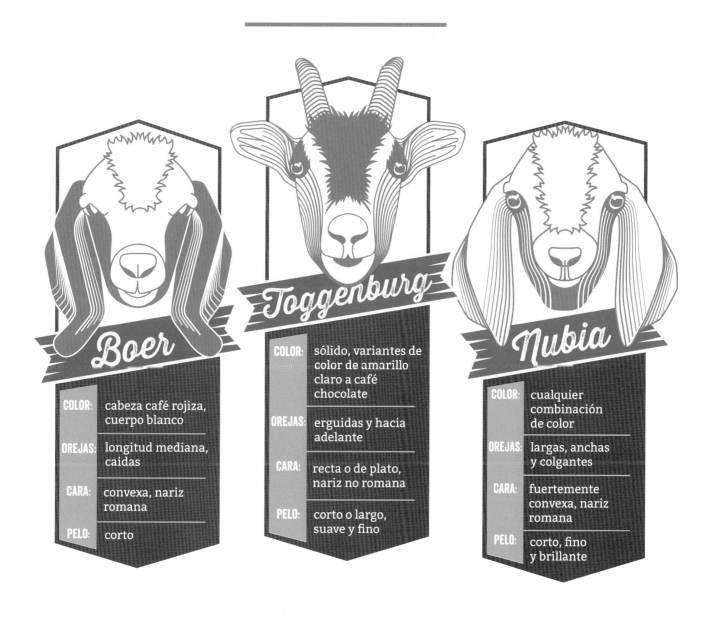

**Boer**

| | |
|---|---|
| **COLOR:** | cabeza café rojiza, cuerpo blanco |
| **OREJAS:** | longitud mediana, caidas |
| **CARA:** | convexa, nariz romana |
| **PELO:** | corto |

**Toggenburg**

| | |
|---|---|
| **COLOR:** | sólido, variantes de color de amarillo claro a café chocolate |
| **OREJAS:** | erguidas y hacia adelante |
| **CARA:** | recta o de plato, nariz no romana |
| **PELO:** | corto o largo, suave y fino |

**Nubia**

| | |
|---|---|
| **COLOR:** | cualquier combinación de color |
| **OREJAS:** | largas, anchas y colgantes |
| **CARA:** | fuertemente convexa, nariz romana |
| **PELO:** | corto, fino y brillante |

# AMANECEMOS CON EL SOL

ENTREVISTA A
## *Ramón Ordóñez*
CABRITERO

POR
## *Arisbeth Araujo*
PERIODISTA GASTRONÓMICA

"¿Que por qué crío cabritos?, pues, ¡porque mi papá me enseñó! Desde niño brincaba entre ellos."

Para ser cabritero debes mamarlo en la cuna (dicen); sólo alguien que se dedica al oficio desde pequeño sabe leer el comportamiento de las cabras. Ramón Ordóñez es uno de los saltillenses que aún dedica su vida al campo.

**D**esde hace 58 años Ramón Ordóñez es cabritero y asegura que puede identificar a una cabra enferma sólo con verla.

Desde los ocho años andaba en el monte con los pastores. A diario veía cómo su papá mataba cabritos y ordeñaba cabras. Él, como muchos colegas suyos, ha crecido gracias a las bondades de este animal.

Su rancho es modesto. Se encuentra entre caminos rodeados de lomas y montes en el desierto de Coahuila.

Cuenta que cuando su padre vivía tenían 700 cabras, pero las fueron vendiendo. Cuando murió, ya sólo quedaban 50. Poco a poco, Ramón ha recuperado el rebaño. Ahora tiene 400 ejemplares. "Sólo necesito tres perros que me ayudan a ponerlas en orden. Con eso basta. No necesito más, cuando las sacas, pocas son las cabras que se te van de locas por el monte."

Su jornada empieza al salir el sol. Desde temprano arrea a las cabras y limpia los corrales para eliminar cualquier rama, trozo de pasto o hierba que se asome de entre la tierra. Con ello busca evitar que los cabritos consuman otra cosa que no sea leche. Al concluir la jornada, saca a las cabras y toma camino con ellas. El pastor y la majada recorren el monte. Sus cabras, a diferencia de otras, son de libre pastoreo. A las 11 de la mañana, deben estar de vuelta. Las deja en el corral y espera a que estén tranquilas, pues una vez que han comido y se encuentran relajadas, alimentan mejor a sus camadas.

Dicen que no hay animal más noble ni maternal que una cabra. Su instinto les permite saber cuáles son sus crías; no obstante, no dejarán de alimentar a cualquier cabrito que se pegue a sus tetillas.

Hacia el mediodía la temperatura sobrepasa los 25 °C. Mientras las cabras amamantan, los cabriteros comienzan la tarea de selección. Cuentan que es algo simple: consiste en elegir a los animales que están listos para ser sacrificados. Entonces los sostienen de la cabeza, los ponen en dos patas y los aprietan por debajo de las costillas para medir el gordo de sus riñones. Si están regordetes, pueden ir al matadero. "Chillan porque los separamos de sus madres; no es verdad que sienten que los vamos a matar. Eso seguramente es después. Ahora sólo chillan porque quieren seguir mamando." Según la temporada y la demanda, se seleccionan entre 20 y 50 cabritos que se llevarán al rastro.

La vida sigue y las actividades de Ordóñez no terminan al subir a los cabritos a las camionetas. Su labor continúa hasta que se pone el sol. A las seis de la tarde, como regla, tiene que sacar otra vez a las cabras a pastorear. Esperar los momentos de menos sol ayuda a que no se cansen y den más y mejor leche.

Al igual que muchos cabriteros, Ordóñez sabe que sus hijos no continuarán con el oficio. Como muchas cosas que tienen que ver con el campo, cuidar a las cabras ha dejado de ser una prioridad para las nuevas generaciones: "Les molesta todo. Los jóvenes no entienden que el olor a estiércol se debe valorar y no demeritar. Aquí se tiene todo para sobrevivir. Una cabra puede ser tu sustento de vida siempre".

Caprinos
en la cocina

# EL CABRITO AL PASTOR

POR

*Juan Ramón Cárdenas*

En el noreste de México existen varias formas de cocinar cabrito, pero el cabrito al pastor es la más popular. Es una preparación especial con mucho arraigo en la cultura norestense, por ello, quiero dedicar un espacio para explicar el origen de este ícono culinario, así como algunos datos interesantes.

## TRADICIÓN HEREDADA

Las técnicas de crianza, pastoreo, sacrificio y preparación de los caprinos llegaron a la Nueva España provenientes del Viejo Mundo donde la caprinocultura existe desde hace más de 7 000 años, en específico en el Medio Oriente, el Mediterráneo y el norte de África.

Según Eduardo Velarde, célebre restaurantero retirado de la ciudad de Monterrey, durante las primeras décadas del siglo xx México contaba con una actividad económica preponderantemente agropecuaria, y en el noreste del país existían majadas de entre 5 000 y 6 000 cabras. Los pastores o majaderos de aquella época viajaban con sus rebaños desde Torreón hasta El Paso del Norte, hoy Ciudad Juárez, para vender sus animales. "Durante sus largos recorridos, los pastores comían chivitos machos a cielo abierto, asándolos con leña. Por ello, a esta forma de cocinar el caprino lechal se le conoce como cabrito al pastor. Esta costumbre era similar entre todos los rebaños que se arreaban en el noreste y data de la época temprana del Virreinato".

Carlos Manuel Valdés, historiador saltillense y fundador de la escuela de Historia de la Universidad Autónoma de Coahuila, afirma que los cabritos llegaron a Saltillo a principios del Virreinato gracias a los tlaxcaltecas quienes se instalaron en la región junto con españoles y portugueses.

El virrey don Luis de Velasco fue quien dio la orden de enviar a Saltillo, en aquella época llamada Villa de Santiago del Saltillo, a varias familias tlaxcaltecas con la intención de que ayudaran a colonizar y a pacificar a los chichimecas, pobladores originarios de la zona. Posteriormente, de Saltillo partieron expediciones para fundar Parras de la Fuente, Guadalupe de Nuevo León y San Pedro de las Colonias, en la zona de La Laguna. La decisión del virrey trajo varios beneficios a la región, pues los tlaxcaltecas eran excelentes agricultores; ellos fueron los responsables de la aparición de las primeras huertas frutales de membrillo, tejocote rojo, perón, higo y ciruela, entre otros.

En la misma época Monterrey recibió una oleada de judíos sefardíes provenientes de España que, bajo la condición de convertirse al catolicismo, obtuvieron la autorización de viajar y establecerse en Nueva España. Las circunstancias facilitaron el establecimiento de poblaciones culturalmente diversas en el noreste del actual territorio mexicano, las cuales iniciaron la que hasta hoy es la ganadería tradicional de la región. Allí se generó entonces una simbiosis entre las cabras traídas por los tlaxcaltecas y las recetas aportadas por los habitantes, judíos y católicos, del Mediterráneo. Es posible afirmar entonces que el cabrito al pastor es el resultado de la convergencia de varias culturas: judía, católica e indígena, así como portuguesa y española.

## LA FRANJA DEL MEZQUITE

Actualmente, el cabrito al pastor se prepara en los estados de Nuevo León, Coahuila y Tamaulipas, en la ciudad de Matehuala en San Luis Potosí así como en algunas regiones de Zacatecas y Durango.

Eduardo Velarde heredó de su padre don Rodrigo, fundador de El Tío Restaurante, la práctica restau-

rantera y un cúmulo de conocimientos relacionados con la cría, historia y costumbres en torno al cabrito. Eduardo sugiere que existe una estrecha relación entre la tradición culinaria y las condiciones naturales del ecosistema predominante en la región noreste de México.

Según Velarde, la llamada franja del mezquite, corresponde a una vasta área geográfica, que va desde Matehuala, San Luis Potosí, hasta Cotulla, Texas. En esta zona los mezquites crecen de forma abundante. Las cabras comen gustosamente las vainas y semillas de estos árboles, por lo que se han adaptado perfectamente al entorno; es decir, a su clima seco

"El primer ganado que arribó a tierra norestense fue el equino, ya que era el medio de transporte de los españoles y algunos portugueses que llegaron en el siglo XVI. En paralelo, los tlaxcaltecas trajeron rebaños de ovejas y de cabras para, entre otras cosas, producir fibras textiles con su lana."

y a su compleja orografía. Según Velarde, no es casualidad que en el territorio donde abundan los mezquitales sea donde existe el mayor consumo del cabrito en su modalidad al pastor.

## EL NACIMIENTO DE LOS RESTAURANTES ESPECIALIZADOS EN CABRITO

Según testimonio de Eduardo Velarde, confirmado por mi padre don Braulio, a inicios del siglo pasado, en Monterrey, era común que las señoras acompañaran a sus maridos a alguna de las cantinas de la Calzada Madero, la avenida principal de la época; "en aquel entonces las mujeres tenían prohibida la entrada a las cantinas, así que cuando el hombre ingresaba a comprar una pieza de cabrito al pastor o de aguja norteña asada al carbón, ellas se quedaban en el automóvil. Cuando el marido salía de la cantina, entraba en el coche y allí, juntos lo comían."

Don Rodrigo Velarde, padre de Eduardo, fue pionero en servir cabrito al pastor y agujas norteñas asadas en un restaurante. El Tío abrió sus puertas en 1931 y se convirtió en el lugar, aparte de las cantinas, más prestigioso para comer este platillo. Posteriormente, en Monterrey se crearon los restaurantes El Principal, El Pastor, El Apodaca y El Regio de don Inés Cantú. En esa época don Jesús Martínez, dueño de El Rey del Cabrito, era dueño del restaurante Los

Así como los ecosistemas, el consumo del cabrito es una cultura culinaria sin fronteras. Tuve la oportunidad de ser invitado por la chef Ileana de la Vega y el chef Sergio Remolina, ambos titulares del programa Latin American Studies del Culinary Institute of America (CIA), a ofrecer clases de preparación de cabrito en el campus de San Antonio, Texas. Con el propósito de contar con un espacio idóneo para recibir a cientos de asistentes, asamos los cabritos en los patios del complejo Pearl situado en las instalaciones de una antigua cervecería y donde se encuentra el campus del CIA.

Cabritos que se situaba frente a la Alameda. Actualmente existen sitios como El Regio, El Gran Pastor, El Gran San Carlos, El Rey del Cabrito, El Pipiripao en el Mercado Juárez y El Invernadero de don Rogelio Arrambide, entre otros.

Los turistas que visitan el noreste de México y en específico las ciudades de Monterrey y Saltillo, buscan sitios para comer este afamado platillo. Sin embargo, actualmente para la industria restaurantera existe el reto de conquistar el paladar de las nuevas generaciones, las cuales paulatinamente se han desinteresado por este ancestral platillo.

# LA BUENA COSTUMBRE DE ASAR

POR

*Humberto Villareal,*
*"La manzana"*

CHEF

Hace 35 años, cuando era niño, en Monterrey comíamos mucho cabrito. Recuerdo que los vendedores recorrían los barrios en bicicleta con los cabritos vivos. Al escucharlos, mi abuelo salía a la puerta de la casa y elegía su animal. En casa, el hombre que me enseñó a cocinar, mataba, descueraba y limpiaba su comida con una navaja. Yo le ayudaba en todo el proceso y así fue como aprendí esta tarea que es parte de mi vida.

En mi familia las recetas de cabrito siempre fueron elaboradas por los hombres. No es que las mujeres no preparen cabrito, pero mi padre, su padre y yo adquirimos como nuestra esta labor culinaria. El asador es lo nuestro y las recetas que mejor nos salen son el cabrito al pastor, en salsa y al ataúd, así como la fritada.

Para los que somos regios, preparar cabrito es parte de nuestro orgullo, tanto, que siempre que viene gente de fuera lo presumimos. Asar cabrito es uno de los pilares de la cultura neoleonesa y, dependiendo de la región, el tipo de preparación puede variar. En algunos lugares el cabrito se cocina dentro de un bote, y se obtiene una carne muy deshecha, tipo barbacoa del centro de México. En mi opinión, este tipo de cocción es muy fuerte para una carne tan sen-

sible, pues no le permite resaltar sus atributos en cuanto a sabor y textura.

Asimismo, en algunos pueblos los cabritos se montan en una cruz y se dejan al rayo del sol para deshidratarlos. Creo que dicha técnica es insalubre, y de hecho, varias personas llegan a enfermarse cuando la consumen, pero es una costumbre muy antigua que respeto.

En mi experiencia, la mejor forma de cocinar un cabrito es al pastor; este método requiere considerar algunos detalles para llevarlo a cabo de manera correcta, los cuales comienzan con la compra del producto. Es importante obtener un animal que haya sido bien alimentado y sacrificado en el momento correcto. Yo estoy acostumbrado a comer cabritos en los cuales se percibe el sabor a leche y a hierba; esto último sucede cuando el animal es sacrificado durante la etapa de tripón, es decir, cuando ya ha iniciado a rumiar pasto.

## CAMBIOS EN LOS HÁBITOS ALIMENTARIOS

En el pasado, al igual que en la de muchas familias regias, en nuestra casa se comía cabrito cada fin de semana. Actualmente esta costumbre ha desaparecido debido a que el consumo del cabrito ha disminuido a causa de varios factores; en Monterrey, por ejemplo, la mayoría de las personas que consumen cabrito son los turistas.

Por un lado, el costo del cabrito se ha elevado debido a una disminución en la demanda y la oferta; por tanto, la posibilidad de prepararlo con la frecuencia de antaño ha mermado y las nuevas generaciones lo consumen cada vez menos; hoy un niño de 15 años no sabe lo que es una fritada. Asimismo, la disponibilidad de proteínas de muy buena calidad en el mercado ha reducido el consumo cotidiano de cabrito, pues es más barato y sencillo preparar carne de res, cerdo o pollo. Por otro lado, los hábitos de las familias son distintos a los de hace 40 años: ambos padres trabajan, las mujeres cocinan menos, y con la creciente influencia de la forma de vida estadounidense, las comidas familiares ideales son más rápidas y sencillas.

En cuanto a asados se refiere, la filosofía actual es: "lo quiero, y lo quiero ya". Por tanto, productos como la arrachera, las costillas y la pechuga de pollo, que son más manejables y se preparan y cocinan en un tiempo significativamente más reducido que el cabrito, han tomado posesión de las parrillas.

Aunque los gustos y prácticas culinarios estén influenciados por tendencias, creo que es indispensable hacer una labor de preservación de las usanzas que nos hacen ser quienes somos.

Creo que los cocineros tradicionales del noreste tenemos la obligación de promover el consumo de cabrito para mantener viva esta parte primordial de nuestra cultura culinaria. Una de las maneras en que podremos lograrlo es presentando al cabrito en festivales a nivel nacional para que la gente conozca el sabor de este gran producto; pues es un hecho que,

## Las mujeres y el cabrito

En mi tierra, a las mujeres que crecieron en un hogar donde por tradición se come cabrito, les gusta, pero no es así con las mujeres más jóvenes. Creo que, aunado al cambio de costumbres alimentarias y a la disminución del consumo del cabrito, a muchas de ellas les da lástima ver a los animales pequeños en un asador. Asimismo a algunas mujeres la carne les resulta grasosa y pesada; de ahí que exista la idea equivocada de que comer esta carne es "de hombres". La cocción de los alimentos al carbón y a la leña está erróneamente asociada con la masculinidad, pero yo conozco mujeres que lo asan perfectamente. Además con los asadores de gas se puede asar cabrito sin complicaciones.

LOS TRAILEROS
DEL NORTE:
*Abeja reina*

EL GRAN SILENCIO:
*Dormir
soñando*

INTOCABLE:
*El amigo
que se fue*

JUMBO:
*Rockstar*

PESADO:
*Te voy a
amar*

LOS ORIGINALES
CADETES DE LINARES:
*El chubasco*

*¡Playlist
oficial!*

incluso en Monterrey o Saltillo, mucha gente desconoce las bondades de este animalito. También pienso que los cocineros podríamos diseñar nuevos platillos con base en los perfiles de sabor preferidos por un público ajeno a nuestro producto.

### EL BOCADO SAGRADO Y DELICADO

Aunque yo prefiero consumir cabrito en casa o con mis amigos, en Monterrey hay sitios muy recomendables para los turistas, como El Gran Pastor o el San Carlos. También en ciudades como Reynosa, Linares, Matehuala y Saltillo se puede comer excelente cabrito.

Para nosotros los regios, el cabrito es un bocado delicado, un producto que se cuida mucho para poderlo consumir. Por ejemplo, en  la familia su consumo

resulta tan sagrado que mi abuelo y mi papá morirían de coraje si yo no lo preparara como ellos me enseñaron. Lo diré de manera franca y sin rebuscar mi escritura: el chiste de la preparación del cabrito es que puedas percibir el sabor de la cultura y del hogar.

Los Villarreal solemos tratar los asuntos familiares en la mesa y en la cocina. Sabemos cocinar cabrito porque es lo que nos une. Le dedicamos tiempo al hecho de cocinar, pues es nuestra forma de comunión. Acompañamos nuestros cabritos con frijoles a la charra, abrazos, vegetales a la parrilla, historias familiares y chile piquín. A veces ponemos cortes de res y alguno que otro pollo al fuego, pero no abandonamos la costumbre. Ahora sumamos vino a la mesa, pero la cerveza bien helada es la tradición. El cabrito va bien con tortilla de maíz, con salsa, con diversión y con respeto.

# LOS COMPLEMENTOS DEL CABRITO

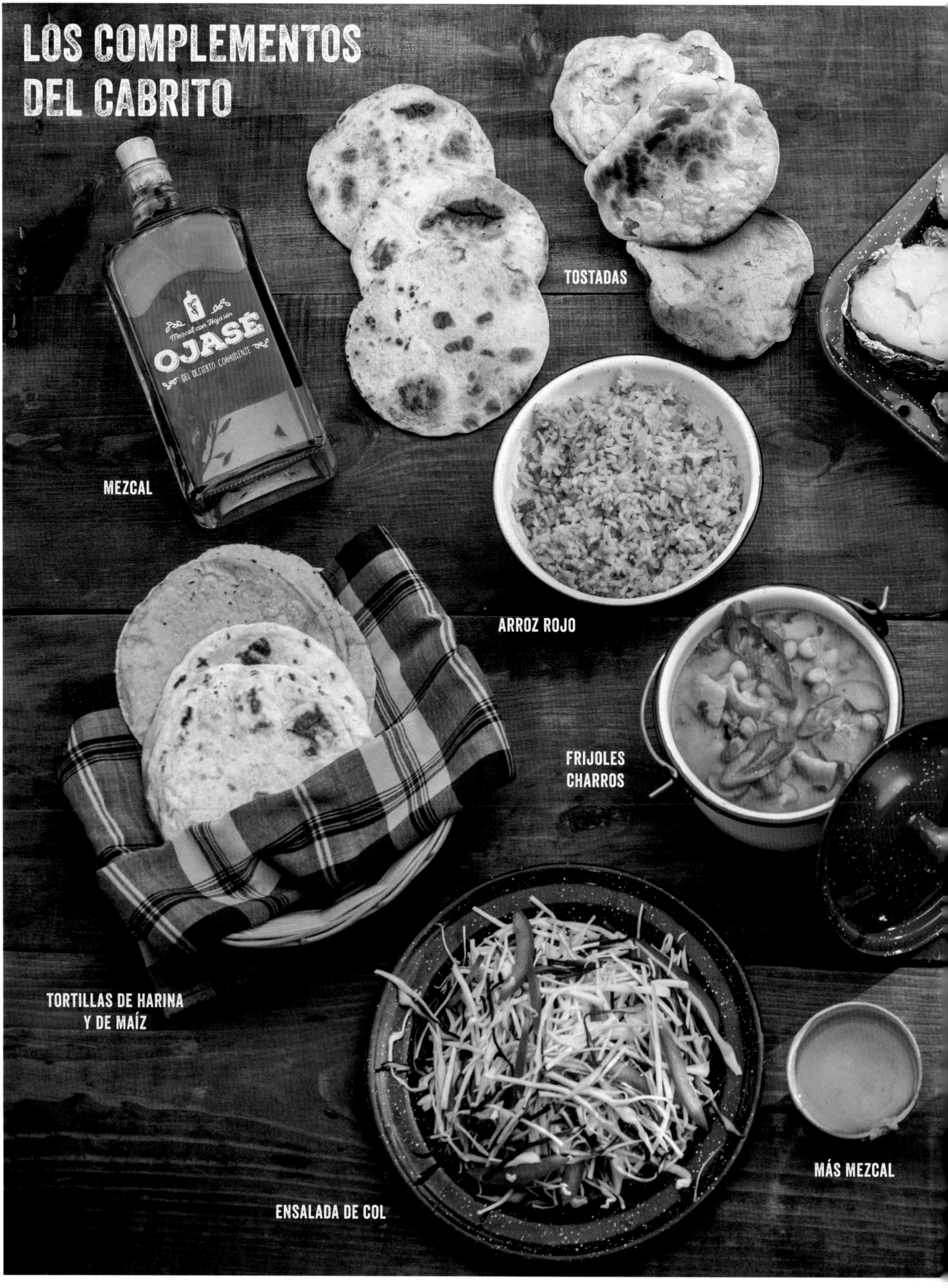
Mezcal con Hojasén
OJASÉ
TOSTADAS
MEZCAL
ARROZ ROJO
FRIJOLES
CHARROS
TORTILLAS DE HARINA
Y DE MAÍZ
ENSALADA DE COL
MÁS MEZCAL

PAPAS ASADAS

SALSA DE TOMATILLO

CHILE PIQUÍN

CHEVE

CEBOLLITAS Y CHILES

OTRA CHEVE

SALSA ROJA ASADA

GLORIAS DE LECHE

# POPULAR Y DE JALISCO: LA BIRRIA

POR

## Maru Toledo
INVESTIGADORA GASTRONÓMICA

En la actualidad, la birria se ha convertido en uno de los platillos más populares de la cocina jalisciense. Cada uno de los 125 municipios del estado de Jalisco tiene su propia versión de este plato; sin embargo, destacan las de chivo de Ameca y cabeza de res de Mascota; así como las de San Martín de Hidalgo, Sayula, Zacoalco, San Pedro Tlaquepaque y, ni qué decir, de las de Guadalajara. Sin menoscabo, claro está, de las formas de preparación en el resto de los municipios.

El ganado caprino llegó a América durante el Virreinato junto con otras especies de animales domesticados como caballos, cerdos, bovinos, ovinos y asnos. Las razas más antiguas en México son La Mancha o Nubia, la Alpina y la de los Merinos. Por su fácil adaptación al clima semiárido, los caprinos ocuparon varios territorios tales como Oaxaca, Guerrero, Puebla, Hidalgo, San Luis Potosí, Jalisco y el norte del país.

El chivo entró a Jalisco por tierras zacatecanas y michoacanas. Cuenta la tradición oral que debido a una importante sobrepoblación de chivos en la Provincia de Ávalos, cuya capital era Sayula y pertenecía al Reino de Nueva Galicia, los españoles optaron por regalar chivos a los nativos, tal vez con la idea de que esa carne dura y olorosa les resultaría de mala digestión. Grande fue su sorpresa cuando la probaron adobada y horneada bajo tierra, muy a la usanza indígena; su sabor era excelso y el aroma apetitoso. A este platillo de origen indígena le llamaron birria. Para su fortuna, la reproducción de este animal era rápida y pronto se aficionaron a comerlo.

## UN SABOR EXCELSO DE "FEAS" INTENCIONES

En términos coloquiales, birria significa: cosa fea o adefesio, algo de poco valor. Este significado despectivo concuerda con la mala intención de dar a los indígenas carne de características aparentemente nocivas. Por ejemplo, hoy encontramos expresiones como: "este hombre está hecho una birria" o "tienes toda la cara birriada", o bien, "la fiesta resultó una birria".

En el estado de Jalisco se considera que la edad ideal del animal con el que se prepara una birria casera debe ser entre 1 y 2 meses de edad. En cambio, para una birria comercial, el animal debe pesar entre 25

La birriería de Pedro Morales y la de Los Talamantes decoraban sus hornos con una cabeza de chivo.

La birria puede hornearse bajo tierra, en horno de adobe con leña, en olla sobre la estufa, o en horno de gas. Cuando se hornea el chivo completo, el acomodo de éste en la tina es importante: al centro se acomoda la cabeza, las piernas a su alrededor y encima el espinazo, los hígados, las espaldillas, los machitos y los costillares. La birria está en su punto cuando el hueso se desprende fácilmente de la carne.

## TLAQUEPAQUE

Las birrierías que adquirieron fama en la década de los treinta estaban localizadas en San Pedro Tlaquepaque, un pueblito que se convirtió en el paraíso de fin de semana para los tapatíos que pronto adoptaron la birria como uno de sus platillos preferidos.

Uno de los primeros puntos de venta de birria en Tlaquepaque se ubicaba a unas cuadras de la central camionera; tras algunos cambios de domicilio y modificaciones en las calles, el punto de venta se reubicó definitivamente en el sitio donde convergen nueve bocacalles. A este lugar se le conoce como Las Nueve Esquinas; actualmente es una visita obligada en Guadalajara y ahí destaca el restaurante El Pilón de los arrieros.

La birria, el platillo típico de Jalisco comenzó con el chivo y siguió con el conejo, el tejón, el tlacuache, la ardilla y el venado. Ahora se prepara también birria de res, cerdo, pollo y carpa, ha llegado a ser tan importante en nuestra gastronomía, que hasta Pepe Guízar la menciona en su canción dedicada a Guadalajara. Dice la estrofa:

> ¡Ay! Tlaquepaque pueblito
> tus olorosos jarritos
> hacen más fresco el dulce tepache
> para la birria, junto al mariachi
> que en los parianes y alfarerías
> suenan con triste melancolía.

y 35 kilos. Los buenos birrieros compran los animales a particulares que los crían en sus corrales; la mayoría de ellos vienen de estados vecinos como San Luis Potosí.

Una mesa tradicional tapatía estaría incompleta si los platillos se sirvieran sin una salsa picante. La birria no podía ser la excepción: tradicionalmente, se sirve la carne adobada cocida y/o tatemada, es decir, horneada en seco después de cocida, y troceada o deshebrada, nadando literalmente en una salsa de jitomate hervida junto con los jugos de cocción. Las obligadas guarniciones que hacen agua la boca son cebolla picada, limón, tortillas calientes y, por supuesto, chile bravo, que es un preparado elaborado a base de chile de árbol seco, preferentemente el de Yahualica, molido con vinagre casero de piña y algunos elementos aromáticos.

El sabor principal del adobo de la carne es el jengibre seco, aunque no predomina; suele aromatizarse también con orégano seco, comino, pimientas y clavo. Los chiles pueden ser combinados: chilacate chino (chile ancho) con chilacate liso (cuachalero o guajillo) o sólo uno de ellos. Algunas versiones más modernas incluyen mejorana, ajonjolí y laurel. No está de más mencionar que el hecho de que un platillo lleve chile, no significa necesariamente que sea picante.

POPULAR Y DE JALISCO: LA BIRRIA

# TRAVESÍA POR JALISCO: EN BUSCA DEL SECRETO DE LA BIRRIA

POR

*Juan Ramón Cárdenas*

La travesía inició en Guadalajara, la capital del estado de Jalisco; yo, junto con un grupo de trabajo, recorrimos la gran ciudad y sus alrededores tratando de llegar a las raíces de la tradición de cocinar birria. Realizamos varias entrevistas en la calle y los mercados populares para conocer algunos de los puntos clave de la elaboración de este platillo que con el tiempo se hace cada vez más popular en distintas partes de México.

Entramos a cocinas, inspeccionamos hornos, husmeamos durante las preparaciones, vimos a los animales en sus corrales, y así quisimos descifrar procesos esenciales para acceder a la receta perfecta. Encontramos muchas respuestas, no obstante, por momentos nos parecía que el alma de la birria estaba jugando a las escondidas y que sus guardianes no lograban comprender que nuestro propósito era meramente documental.

El fin de nuestra labor consistió en recabar información para colaborar con la preservación de las más antiguas costumbres. Explicamos a cada uno de los informantes que el resultado de nuestra investigación sería publicado para que las recetas no se perdieran en los confusos rincones de la memoria. Tras esta merecida aclaración, los entrevistados nos revelaron los ingredientes y explicaron los procesos de manera fluida y con amabilidad.

## BUSCANDO EL SECRETO DEL ÉXITO Y EL SABOR

Nuestro primer acercamiento a uno de los platillos emblemáticos de Jalisco y el Altiplano mexicano fue en el restaurante tradicional El Chololo. Desde media mañana en un día cualquiera, El Chololo se llena de personas y familias irresistiblemente atraídas por una de las birrias más afamadas de la comarca.

Platiqué con José Luis Sánchez, nieto de Javier Torres Ruíz, *El Chololo*, para intentar descubrir el secreto de su éxito y el sabor que caracteriza su platillo estrella. Según su abuelo: "con buena carne, cualquiera es birriero".

El Chololo es un mismo nombre para dos restaurantes de la misma familia que a lo largo de cinco décadas se ha especializado en la preparación de esta receta cuya protagonista es la carne de chivo. El heredero del negocio me contó que doña Josefina Ruiz Velázquez y don Isidro Torres Hernández iniciaron la venta de birria en un puesto del mercado de Tlaquepaque. Cuando don Isidro falleció, su hijo Javier, al que todos apodaban El Chololo, retomó el negocio de su padre y abrió el primer local. Cuando el negocio comenzó tenía una sola mesa y la birria se vendía en tacos que se daban en la mano de los comensales sobre un trozo de papel que hacía las veces de plato; ahora, este expendio es un destino obligado para los amantes del plato representativo del Occidente de México.

Indagando acerca de los requisitos para hacer una buena birria, José Luis me dijo: "el chivo debe ser gordo y capado. Compramos animales bien cuidados y bien alimentados. Los nuestros son criados en estados vecinos como Zacatecas y San Luis Potosí. De Matehuala me llegan muy buenos cabritos y chivatos".

Al preguntar acerca del método de cocción, me enteré que en El Chololo "la carne comienza a cocinarse en una cazuela de barro a las ocho de la noche. Tres horas más tarde, a ésta se le unta un adobo, se tapa con penca de maguey y se sigue cocinando en los hornos de barro a fuego de leña. En cada cazuela se hornean dos chivos con sus cabezas y sus machos (asadura)".

Cabe señalar que actualmente la birria no sólo se prepara con carne de chivo, pues también se utiliza la de borrego o incluso la de res; pero Chololo sólo ofrece la primera opción, que es la original. Según Sánchez: "aquí la servimos con tortillas de maíz recién hechas, con frijoles refritos y una salsa de chiles serranos. Claro que también agregamos el jugo o caldo de cocción de la carne".

Maru, gracias, por tus atenciones. Aprecio enormemente que hayas compartido conmigo tu mesa, tus conocimientos y el gran secreto de la birria jalisciense. Todo sea por transmitir a las futuras generaciones de cocineros un legado ancestral. Asimismo, agradezco a todas las personas que hacen que restaurantes como El Chololo, La Victoria y El Pilón de los arrieros, en Guadalajara, den tanto gusto a quienes apreciamos el sabor de esta carne, que a pesar de haber llegado de otros continentes, hoy es parte de nuestra cultura. Me quedo con un poco de sus tesoros para compartirlo.

## LOS ORÍGENES DE LA BIRRIA

El viaje por Jalisco fue muy agradable; además de visitar birrierías tradicionales, las preferidas por los tapatíos, pude tener contacto con dos grandes profesionales de la gastronomía del estado: Francisco Ruano y Maru Toledo.

Ruano es cocinero del restaurante Alcalde, un hombre talentoso más allá de los adjetivos trillados, quien creó una receta especialmente para este libro. Por otro lado, mi amiga Maru es una investigadora culinaria, autora de más de una veintena de libros dedicados a la cocina del Occidente de México; además de ser una gran mujer, es impulsora del grupo de desarrollo comunitario Mujeres del Maíz y garante de la gastronomía de su estado.

Maru me contó acerca de los orígenes de la birria. A principios del siglo XVIII, debido a una sobrepoblación caprina, la carne de estos animales era sumamente barata. Aunque la carne de cabra tiene un sabor y olores fuertes, la gente que habitaba en las zonas con mayor pobreza la cocinaba para saciar el hambre, pero no sin experimentar en formas para que la carne tuviera un sabor refinado. Toledo explica que la birria "es carne que se sazona con un adobo preparado con un chilacate liso (una variedad de chile seco) y condimentos varios de hierbas y especias".

En la usanza típica la carne se adoba y se deja reposar durante 8 horas. "Tradicionalmente se cocinaba en pozo, en una olla enterrada y cubierta por carrizos. Después pasó a los hornos de pan y se tapaba con pencas. Ahora se puede preparar también en una estufa de cocina."

Maru también me contó que la birria tradicional de Ameca no despide un olor fuerte, y eso se logra lavando la carne con jabón de calabaza y marinándola con naranja agria. Como muchos platillos tradicionales en México, cada región tiene sus variantes; sin embargo, en términos generales, la base de la preparación es el adobo de chile ancho y el ingrediente secreto, que de acuerdo con los estudios de Maru, es el jengibre seco. Además de esta aromática raíz, el platillo se complementa con el sabor y los aromas de la canela, la cebolla, el ajo, el orégano y la mejorana.

"Tradicionalmente la birria se acompañaba del famoso chile de uña (salsa elaborada con jitomate, chile, tomatillo, ajo, cebolla, cilantro, jugo de naranja y orégano seco; se dice que cuando las Adelitas la preparaban, usaban las uñas para trocear el chile), chiles, zanahorias, ajos, cebollas y jícama en vinagre; frijoles refritos, tostadas raspadas y tortillas recién hechas", concluyó Maru antes de invitarme a su mesa a probar uno de los platos de chivo más exquisitos que pueda recordar.

Esta crónica de mi paso por Jalisco es muy resumida. Quisiera ofrecer más detalles de lo vivido durante esos días, pero prefiero invitarle a usted a que explore las tierras jaliscienses en busca de la mejor birria.

# DEL CENTRO
# Y EL BAJÍO

POR

*Juan Ramón Cárdenas*

## LA BARBACOA
## DE CHIVO

La barbacoa es una de las preparaciones más representativas del centro del país. Actualmente la barbacoa más popular es la de borrego pues, como sucede con la birria, la elaborada con carne caprina es poco aceptada debido a la intensidad de su sabor. No obstante, en Guanajuato, Querétaro, Hidalgo y Estado de México es posible encontrar expendios donde se ofrece barbacoa de chivo, tal como solía hacerse siglos atrás.

La forma tradicional de prepararla consiste en cortar en canales al animal, que en muchos casos es borrego, y dejarlo orear hasta que la carne adquiere una textura fibrosa y elástica, lo cual permite a los tejidos resistir la temperatura de la cocción. Posteriormente, la carne se trocea, se envuelve en pencas de maguey y se introduce en un horno excavado en la tierra y previamente calentado con piedras. La carne envuelta se coloca sobre un recipiente que captará los jugos de cocción y se cubre con más pencas de maguey, piedras y finalmente tierra; encima se enciende un fuego alimentado con leña. La carne se cuece entonces al vapor, y únicamente se le añade sal, pues se trata de respetar el sabor de la carne al máximo.

En Coahuila la carne de chivo es bastante apreciada; sin embargo, la barbacoa de esta zona se elabora con carne de res o ternera adobada con chile guajillo y jitomate. El método de cocción es igual al de la zona del centro del país.

## EL CHIVO TAPEADO

El chivo, la cabra y el cabrito se han adaptado a todas las zonas áridas y semiáridas de México; Cadereyta, en Querétaro, no es la excepción. Este poblado de El Bajío tiene una importante producción de cabritos y un plato emblemático: el chivo tapeado.

El chivo tapeado es una preparación que consiste en cocinar la carne de cabrito (chivato o chivo capado) con un adobo hecho a base de chile ancho y guajillo en una olla de barro; ésta se tapa con un plato y se sella con masa de maíz. Esta técnica genera que la carne se sobrecueza en su propio jugo. La carne suele comerse en su caldo, como la birria, o seca, en tacos con frijoles y salsa.

María Elena Vázquez Lugo, quien dirige el restaurante Nicos en Querétaro, cuenta que es un platillo de fiesta que se consume en el mismo estado y en los estados vecinos.

# EL CABRITO EN EL CORREO ESPAÑOL

POR

*Juan Ramón Cárdenas*

En México heredamos algunas formas de cocinar el cabrito de los hombres y mujeres que hace siglos cruzaron el Atlántico; aunque las condiciones del clima impusieron algunas adaptaciones, la esencia es similar a los métodos utilizados en los pueblos de la Europa mediterránea.

A lo largo de mis recorridos, en la recopilación de datos de este libro, me acerqué a cocineros que me mostraron variantes en torno a la preparación de mi proteína preferida; particularmente, en el centro de México, busqué a los expertos de la barbacoa. Durante mi estancia en la Ciudad de México hice algunos recorridos por el céntrico Mercado de San Juan, donde se encuentra uno de los mayores comerciantes de cabritos de la zona urbana; asimismo, dediqué algunas horas a visitar el aclamado restaurante Correo Español.

En el Correo Español preparan los cabritos de una forma peculiar, muy semejante a la de la tradición castellana, pero con el sello del centro del país. Llegar a este exitoso negocio familiar fue un gran gusto, no sólo por lo que probé sino por las horas que pasé en la agradable compañía de mis anfitriones, la familia Hevia.

Este restaurante es reconocido por todo aquel que se precie de ser un buen cabritero. La buena fama lo sustenta, y quienes nos dedicamos a la cría o a la preparación y cocción de cabritos, tenemos un gran respeto por lo que se ha hecho en esta institución.

Me siento muy afortunado de conocer a los Hevia, una familia restaurantera dedicada al trabajo arduo, honesto y constante. El patriarca, don Alejandro Hevia Reyes y su esposa, doña María Manuela Azuara, junto con sus hijos Alejandro y Mauricio, preservan esta sólida tradición gastronómica brindando un servicio excepcional en todos los sentidos. Tanto Alejandro como Mauricio son cocineros, y además de laborar en el Correo Español, también cuentan desde hace algunos años con el restaurante Casa Hevia en Polanco, una colonia ubicada al norponiente de la ciudad donde la competencia restaurantera es feroz.

Los resultados del trabajo de restauración de la familia Hevia son notorios. Su historia comenzó en 1943 cuando don Eleuterio Hevia Rodríguez, inmigrante asturiano, abrió una lonchería que también era cantina. En este concurrido establecimiento el cabrito se preparaba únicamente los días jueves.

Cuando los comensales preguntaban a don Eleuterio acerca de los ingredientes o pasos de su receta, él respondía: "éste es un cabrito a la misfaís", ésta era una manera astuta de no revelar ninguno de los secretos de su preparación. La demanda de este misterioso guiso horneado lo convirtió en el plato insignia de la cantina, de tal forma que no tardó en servirse todos los días de la semana, y por tanto incrementó la popularidad del sitio más allá de lo imaginable.

Don Alejandro me contó que originalmente la cantina se ubicaba en las calles de Peralvillo y Matamoros, en el centro de la capital, pero a raíz de las mejoras urbanísticas y del nuevo trazo vial de Paseo de la Reforma dirigidas por el regente de la capital y amigo de don Eleuterio, Ernesto Uruchurtu, la cantina fue derribada en 1963. Uruchurtu ofreció a don Eleuterio las facilidades necesarias para un cambio

de sede y le recomendó que modificara el giro del establecimiento de cantina a restaurante. La razón era simple y obedecía a la visión empresarial, debido a que en aquellos años en una cantina no podían entrar uniformados ni mujeres. Es así como en 1960 se inaugura el restaurante familiar El Correo Español ubicado en Peralvillo 30, y en 1993 abre sus puertas El Correo Español en Ciudad Satélite, Estado de México.

El menú de este restaurante y especialmente los cabritos "estilo Correo Español" son una delicia, porque además de las piezas tradicionales horneadas, se ofrecen machitos de tripita, cabecitas deshuesadas e higaditos. El servicio es de primera.

# EL MOLE DE CADERAS: EL PLATO DE LA TRASHUMANCIA

POR

*Juan Ramón Cárdenas*

Viajé a Puebla para encontrarme con Eduardo Vidal Juárez Ramírez, distribuidor y experto en chivos. Desde 1930 su familia se dedica al sacrificio y venta de estos animales y una de sus labores ha sido la de introducir al ganado caprino en el estado de Puebla. Junto con la chef Liz Galicia me proporcionaron algunos datos sobre la importancia histórica del ganado caprino en la región de la mixteca poblana y me explicaron todo lo que hay que saber sobre el misterioso mole de caderas.

Desde la época virreinal la crianza y el consumo de ganado caprino en la región mixteca, la cual abarca los actuales estados de Puebla, Oaxaca y Guerrero, ha sido de gran importancia. Una vez formalizada su crianza en ese periodo, se calcula que se llegaron a sacrificar hasta 160 000 cabezas de ganado cada año, actividad que comenzaba con la matanza el tercer jueves de octubre y se extendía durante casi tres meses. La mayor parte de la producción se destinaba a la elaboración de chito, que es la carne de este animal salada y secada al sol sobre petates; este producto era muy consumido por los marinos españoles, pues les era fundamental en sus travesías al conservarse en condiciones óptimas durante varios meses.

Actualmente las cifras de matanza son menores; en Puebla se sacrifican unas 15 000 cabezas para consumo local. La tradición virreinal se conserva parcialmente hasta nuestros días; el 20 de octubre se celebra en Tehuacán, Puebla, el Festival de la Matanza.

El chivo es muy valioso para la economía regional. Después del sacrificio nada se desperdicia, los cuernos y pezuñas se utilizan para la elaboración de peines finos y botones; su piel se transporta a tenerías para ser curtida y aprovechada en la producción de zapatos; el sebo se destina a las fábricas de jabones; sus tripas se utilizaban para fabricar cuerdas de violín, y hoy día, su principal uso es para consumirlas fritas o en embutidos, y los huesos sirven para preparar el mole de caderas.

El proceso de elaboración del mole comienza con el transporte del ganado siguiendo un método de pastoreo itinerante, conocido como trashumancia, herencia de la Colonia española. Cada primavera los chivos parten de las costas de Guerrero y de Oaxaca para iniciar su peregrinación anual de 300 kilómetros hasta la Mixteca. Generalmente los chivos que emprenden el trayecto tienen un promedio de edad de un año; se les castra para que su carne sea más rica en grasa y por tanto más sabrosa al paladar. Durante el recorrido se alimentan de los mejores follajes, como flores de biznaga, huizache, orégano y buenos pastos; y debido a que su dieta es rica en líquidos, sólo se les da agua cada ocho o quince días. También se les ofrece un poco de sal para evitar que se deshidraten y para que su carne tenga mejor sabor. Pocas son las cabras que acompañan al rebaño en este trayecto, pues en general, ellas se encuentran reservadas para la reproducción.

Los primeros registros de este trayecto datan del siglo XVII. Debido a que la trashumancia es un método de pastoreo que implica una movilidad constante, las tierras se conservan en mejor estado, pues no se les exige demasiado; es decir, un terreno donde los chivos pastaron durante la mañana, no se volverá a tocar sino hasta el siguiente año. Además, el viaje fortalece a los animales y genera que la carne adquiera cualidades que no se encuentran en otros caprinos del país.

Cuando los chivos llegan a su destino, Puebla, se lleva a cabo la matanza. Ser testigo de una tradición tan antigua como el sacrifico de los chivos en Tehuacán es todo un privilegio. Durante tres meses la vida de familias enteras gira en torno a esta actividad. Dentro de las haciendas los hombres, divididos en cuadrillas, sacrifican, desollan y destazan al animal con precisión milimétrica. Unos se dedican a salar la carne para preparar chito, mientras que otros fríen las costillas y algunos más separan el sebo. Alrededor de las tapias de las haciendas, familias completas acampan. A los matanceros, además de su salario, se les regalan las tripas del chivo, algunas pezuñas, orejas y vísceras en general. Son las familias quienes se encargan de secarlas al sol y aprovecharlas.

Finalmente, con los huesos descarnados del chivo, principalmente del espinazo y la cadera, se prepara un caldo, el cual se sazona con jitomate, chiles y ejotes silvestres para obtener el mole de caderas. Éste se acompaña en muchas ocasiones con riñón y montalaya (pancita), y siempre con tortillas. Si bien el mole de caderas es un platillo local, existen algunas variantes; algunas personas le añaden hojas de aguacate, chiles secos y cilantro para darle otro sazón; cuando se le agregan guajes se le conoce como guaxmole, y en Oaxaca se hace un guiso similar conocido como texmole.

Los primeros registros relacionados con el mole de caderas datan del siglo XIX. En aquella época los hacendados regalaban los huesos a sus trabajadores como parte de su salario. Por esta razón, durante muchos años el mole de caderas fue considerado un alimento para personas humildes; hoy es considerado un lujo. Un espinazo cuesta 1 000 pesos aproximadamente, es decir, 180 pesos por kilo. Según Eduardo, con cada espinazo pueden elaborarse hasta 10 porciones de mole de caderas.

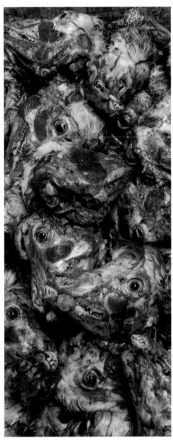

# El despiece

Para sacar el máximo provecho del cabrito es importante cortarlo de la forma adecuada antes de cocinarlo.

1. Pechito
2. Paleta
3. Riñonada
4. Cadera
5. Pierna

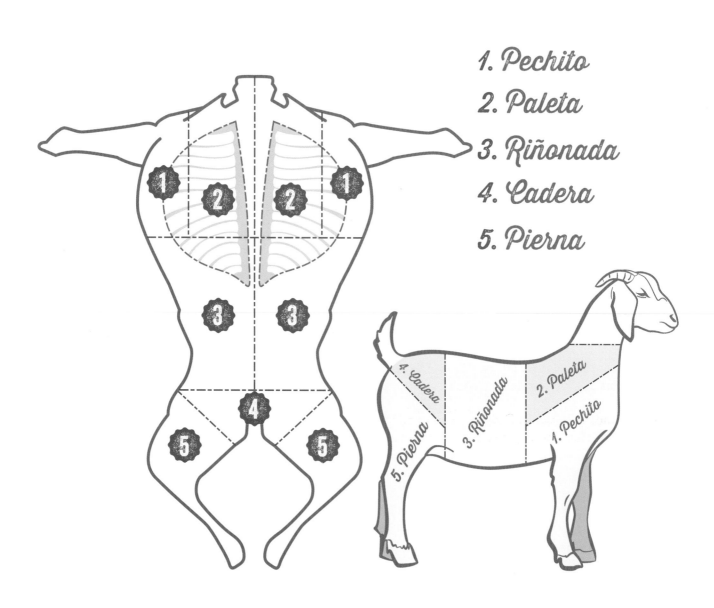

# LA FRITADA: EL PLATILLO DEL FESTEJO

POR

*Juan Ramón Cárdenas*

Por mucho tiempo el platillo típico y base de toda celebración en Coahuila y Nuevo león fue la fritada de cabrito. Se preparaba tanto para una boda como para un domingo familiar; se servía en las Navidades y se ofrecía a los parientes que venían de visita. Como lo dije, era la preparación festiva.

En otras partes a este platillo se le conoce como cabrito en su sangre; sin embargo, los norteños la conocemos sólo como "fritada", sin hacer referencia o especificar que se elabora con carne de cabrito.

Comúnmente sucede que existen muchas y variadas versiones de las recetas tradicionales que forman parte de la cultura popular. La fritada no es la excepción; en cada casa y en cada familia tienen su propia forma de prepararla.

Existen fritadas de color muy negro, pues contienen mucha sangre; hay otras que son coloradas, debido a que en ellas predomina el "chile color", como se le dice en el noreste al chile ancho. Muchas llevan chiles en vinagre. Algunas son muy caldosas y otras son más secas.

La fritada original se prepara con el cabrito entero con la asadura, es decir, con el hígado, el corazón, el pulmón, las tripas y la deliciosa cabecita; asimismo, siempre se sazona con hojas de laurel y un poco de orégano del monte, o como se le conocía anterior-

mente, oreganillo, por ser una variedad endémica distinta a la europea.

Cabe resaltar, que los cabritos que se pueden usar para la fritada no necesariamente tienen que ser gordos, una diferencia con los cabritos para asar, es decir, los que se preparan al pastor, que sí exigen esta característica.

A lo largo mi vida he comprobado que las comunidades adaptan su realidad a su cultura y esto se refleja claramente en su gastronomía. Los antiguos pobladores rurales del noreste de México, al contar con crías de cabritos delgados sin valor comercial, las destinaban al consumo familiar. Asimismo, como se trataba de un producto barato, se volvió muy popular en las familias de las áreas urbanas de la región, como Monterrey, Saltillo, Torreón, Linares, Reynosa, Matamoros, Piedras Negras y Monclova, entre otras.

La preparación de la fritada no requiere un asador para cabritos, varillas, pericia o utensilios especiales, sólo es necesario tener una cazuela de barro o, en su defecto, una olla y una estufa.

La fritada es una de las columnas vertebrales de la tradición familiar norestense. Aún recuerdo a mi abuela paterna, doña Juliana Cantú Villarreal de Cárdenas, exigiendo que le reservara la cabecita del cabrito cada vez que un servidor le preparaba la fritada.

# CUANDO LOS DOCTORES ORDEÑAN CHIVAS

ENTREVISTA A

*Carlos Peraza Castro*

CAPRINOCULTOR Y MAESTRO QUESERO

POR

*Juan Ramón Cárdenas*

"No te vayas a pasar porque si lo haces no hay retorno cercano." Ésas fueron las indicaciones precisas que don Carlos me dio para llegar a su rancho. Después de conocer a este sabio veterinario con aires de asceta supe que la indicación de su ubicación resume también, en buena parte, su forma de vida. Llegamos a una propiedad lejos de la ciudad, en un punto aislado del libramiento de Querétaro; probablemente hace cuatro décadas, cuando el doctor decidió mudarse al campo, debió haberse percibido como un punto en medio de la nada. Siguiendo las instrucciones a pie juntillas, nos estacionamos a un costado del corral donde se guardan las cabras. Pancho, su cabrero, salió a darnos la bienvenida y a avisar que el doctor saldría en unos momentos.

Don Carlos, veterano de los movimientos estudiantiles del 68, egresado de la Universidad Autónoma de México Xochimilco y con un doctorado en fisiología de la nutrición en la Sorbona de París, vestía pantalones caqui, camisa a cuadros y huaraches de cuero. Nos invitó a entrar en la casa construida por él mismo. Me dio gusto ver que su cama está rodeada por cientos de libros y que su recámara es prácticamente una biblioteca; a un costado de la misma se encuentra su primera sala de preparación de quesos. La habitación olía a café y almíbar; nuestro anfitrión, y buen cocinero, preparaba en ese momento una mermelada de naranjas. Antes de entrar a su cava de maduración, ubicada justo debajo de su

cuarto, nos invitó a sentarnos en su comedor para ofrecernos unas tazas de café y regalarnos una charla de bienvenida.

"Cuando terminé mi doctorado en Francia, regresé a México y me mandaron a trabajar a Nuevo León. Fui a meterme al campo con la gente de la Escuela de Agronomía de la Universidad Autónoma de Nuevo León. Arnoldo Tapia me llevó a conocer la posta que tenía la escuela en Santa Catarina. En ese lugar montaron una granja de cabras porque tenían miles de animales y se trabajaba con verdaderos pastores, conocedores de su entorno y del oficio", me contó Carlos. "Quedé enamorado de esa granja y de esa forma de hacer las cosas. Ese lugar me inspiró. La universidad se interesaba por conservar aquellos agostaderos que son de los mejores en el planeta. Ahí empezó todo para mí".

Carlos Peraza es uno de los hombres que más ha trabajado en la formación de veterinarios especializados en cabrito en el noreste de México. Sin embargo, en algún punto de su labor como formador universitario, visitó Querétaro y su vida dio un giro permanente. "Cuando vi esta propiedad me encontraba en un año sabático. Esto se parece mucho a Nuevo León, aunque estamos a mayor altitud y el clima es más benévolo. Me bastó con estar aquí seis meses para convencerme de que no volvería nunca a la universidad; sin embargo, de aquella granja me traje mis primeros cabritos".

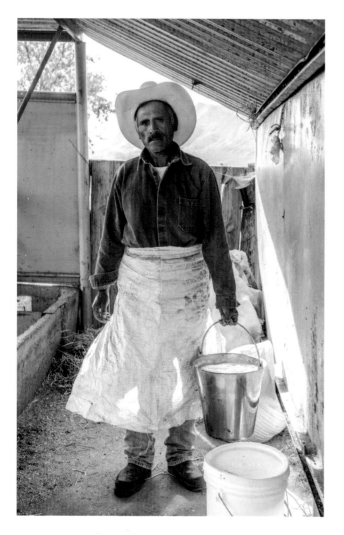

años cincuenta, Nuevo León tenía un millón de cabras; Coahuila un millón doscientas y Zacatecas y San Luis Potosí ochocientas mil cabezas respectivamente. El 60% del ganado caprino del país se encontraba en el noreste de México. Había cajeta, natillas, pieles, carne de cabrito y el desecho se iba a Jalisco para la birria. Estamos hablando de un animalito que le dio un valor extraordinario al hermoso desierto".

De acuerdo con el doctor Peraza, la segunda mitad del siglo xx fue fundamental para el desarrollo de la caprinocultura norestense; yo que viví en Saltillo, puedo corroborar y, además, atestiguar que la transformación de la agroindustria y la gastronomía regional se logró gracias al arduo trabajo de miles de personas. Pedraza nos dice que "en la capital regia se abrió y se mantuvo por años la tenería más importante del mundo donde se trataban las pieles de entre nueve mil y, en ocasiones, hasta treinta mil cabritos diarios. En el norte del estado se obtenían grandes cantidades de leche de cabra; allí mismo se hacían dulces y el famoso queso canasto que, gracias al eficiente sistema ferroviario permitía llevarlo a la capital del país en unas cuantas horas llenando vagones del producto con una frescura incomparable. El tren que iba de Laredo a Buenavista llevaba entre ochenta y cien mil quesos cada día. En la Ciudad de México, el queso de canasto se conocía como

Ver la forma sencilla en la que Carlos vive y trabaja es fascinante. En este rancho se producen quesos de calidad excelsa y, sin embargo, nuestro anfitrión mantiene una humildad ejemplar. "Actualmente tengo un hato de 100 cabras; con eso, y con la ayuda de Pancho, me basta para producir quesos como los que aprendí a hacer en mi juventud en Francia, con leche cruda".

El doctor Peraza me ilustra con parte de la historia de la ganadería caprina en el noreste: "En los setenta, en Monterrey había empresarios visionarios. En aquel entonces la producción caprina se tomaba en serio; el noble animal se aprovechaba en todas las formas posibles". Las cifras que el doctor conoce son evidencia de una pasión inagotable. Tener la oportunidad de contar con su participación para este trabajo es un verdadero honor y no me canso de agradecerle las horas de deliciosa tertulia cargada de información. Según Peraza, "a principios de los

panela y se distribuía en mercados como el de San Juan y otros del corazón de México".

Este amable hombre, comprometido con sus tareas, me mantuvo por casi tres horas escuchando en silencio todo aquello que parecía un cúmulo de inagotables datos que para mí resultaron esenciales. Su labor se plasma no sólo en el producto final que son sus suculentos quesos, sino también en los animales, que son la razón de su vida. Las cabras de Carlos son especialmente hermosas, se nota que son animales muy bien cuidados y queridos. Me impresionó ver su pelaje brillante, sus ojos vivos y sus movimientos ágiles. Con animales así, la leche es magnífica y los quesos maravillosos.

Don Carlos es un defensor de lo natural, pero no un naturalista superficial o esnob. Está comprometido con la tierra, sus animales y con el queso que produce. Su barba blanca refleja la sabiduría que posee. Sabe todo acerca de las cabras y de sus productos derivados; es capaz de sacrificar un cabrito en 8 minutos y su experiencia le permite procesar un cabrito desde cero hasta obtener una canal completamente limpia.

El doctor, al igual que yo, cree en la "serendipia", este término que intenta describir las coincidencias; para mí va más allá, la serendipia es cuando llevas a cabo tus quehaceres rodeado de elementos que quieres. Carlos coincide conmigo en que cuando las labores se realizan con alegría, sin dejar de lado a la familia y al amor, la serendipia ocurre y ayuda a avanzar en la vida. "Estar en contacto con los animales te acerca a la realidad, te pone los pies en la tierra".

Después de nuestro encuentro y tras los regalos de humildad y de conocimientos, definitivamente creo que haber estado con Carlos Peraza fue serendípico. La lección que resume, la frase que sintetiza la vida de experiencias de un hombre de campo, de un idealista, de un maestro entregado al estudio y que llevaré por siempre conmigo es: "Si los doctores ordeñaran chivas, este mundo sería a toda madre".

# LOS QUESOS
# DE CABRA

POR

*Carlos Yescas*

EXPERTO Y JUEZ INTERNACIONAL EN QUESERÍA

En México, el uso de cabritos para hacer platillos tradicionales es muy amplio. A pesar de esto, la leche de cabra y los quesos que se elaboran con ella son menos conocidos, entre ellos, un par de quesos nacionales han sido galardonados con medallas internacionales. La elaboración de queso de cabra está bien representada en nuestro país y vale la pena buscar a aquellos productores que han desarrollado nuevas recetas y a los que mantienen una herencia gastronómica.

## HISTORIA

Con la Colonia llegaron a nuestro país cabras de doble propósito, es decir, criadas por su leche y por su carne, sin embargo, la leche de cabra no ha logrado ser tan popular como la de vaca. Es por esto que las razas de cabras lecheras presentes en México son escasas.

Según registros históricos, los primeros quesos que se elaboraron en México durante el tiempo de la Colonia fueron versiones nacionales de queso manchego. Este queso tradicionalmente se elabora con leche de oveja en la región de Castilla-La Mancha, en España. En nuestro país esos primeros quesos se produjeron en el norte del país, en lo que ahora es

el estado de Nuevo León. Eventualmente se empezaron a producir otros quesos, principalmente de leche de vaca, en el Centro y la región de la Montaña. Es durante este periodo, después de la Independencia, que estilos como el queso fresco, de aro y de tenate se popularizaron en la Ciudad de México, Tlaxcala, Puebla y Morelos.

El queso de la panela es el que primero se describe como un queso hecho con leche de cabra. Este estilo de queso se vendía en plazas y mercados de las ciudades coloniales de Guanajuato y Querétaro. Al parecer este queso se hacía en pequeño formato para la ingesta diaria. Casualmente los quesos de la panela oreados se empezaron a elaborar también con leche de vaca en los estados de Jalisco y Nayarit.

Los quesos del Bajío, incluyendo panelas de cabra y otros quesos de vaca, iniciaron su comercialización en la Ciudad de México durante el Porfiriato gracias a las conexiones que se habían logrado con el ferrocarril. Es así como el queso y la leche de cabra comenzaron a popularizarse, especialmente para que los infantes los consumieran. Sin embargo, esa tradición se perdió durante la Revolución, cuando los ferrocarriles se convirtieron en la única forma de enviar provisiones a tropas en el frente, y el comercio se detuvo. Es por ello que ahora el queso de la panela se elabora normalmente con leche de vaca.

A causa del desabasto de leche de vaca, durante y después de la Revolución, la producción de queso de cabra para el autoconsumo y venta en algunas ciudades de la región del Bajío tomó importancia. Desde la década de los años noventa, existen pequeñas producciones en Querétaro y Guanajuato, y en los últimos 20 años ha habido un repunte en la producción de cuajadas lácticas y algunos quesos maduros. Asimismo, existe un esfuerzo importante por parte de los productores para mejorar la calidad de los animales; por ejemplo, en la ciudad de Celaya se celebra anualmente un concurso para juzgar animales para pie de cría. Durante este evento varios productores de leche han logrado promocionar sus productos.

El Instituto Mexicano del Queso, A.C., ha servido como patrocinador para promover el trabajo que se lleva a cabo en varios eventos, además de dar apoyo a queseros para mejorar sus producciones y asesorar en la comercialización de quesos artesanales.

## ELABORACIÓN Y COMERCIALIZACIÓN

Probablemente el queso de cabra más conocido en México es el denominado con el nombre genérico de *chèvre*, cabra en francés. El término *chèvre* se utiliza en Francia para describir quesos de cuajada láctica elaborados con leche de cabra. Los quesos del valle del río Loira son los más característicos de este estilo. En México este tipo de queso se produce en el Bajío y en el norte del país. De textura cremosa, sabor tenue y poco aroma, este queso es muy apreciado para dietas saludables por su alto contenido de calcio. Es un estilo de queso que usualmente se comercializa como si se tratara de un producto para sibaritas llamándolo "gourmet" o "de especialidad" utilizado para incrementar los sabores en ensaladas o como aperitivo.

La elaboración de este estilo de queso se consigue de un proceso de coagulación de la leche por cultivos lácticos y con muy bajas cantidades de cuajo animal. Estos cultivos lácticos ayudan a promover un acción química que, junto con el cuajo, hacen que la leche se solidifique y pueda separarse el suero. El proceso de desuerado tradicional se elabora mediante el drenado de la cuajada en mantas de tela o utilizando moldes que hoy en día son de plástico. A nivel industrial no existe un proceso de desuerado paulatino, sino que las tinas de cuajado son conectadas a embutidoras que por medio de presión rellenan los empaques para su comercialización. Los mejores quesos son los que se moldean a mano, ya que esta técnica permite que la cuajada sea más tersa y el sabor neutro; a diferencia de las versiones comerciales que pueden ser amargas y pastosas, debido a que en el proceso de empacado rápido se pierde demasiada humedad en la pasta. Existen en el mercado versiones con chiles, semillas y especias, a la manera francesa, que cubren las porciones de queso en forma de pirámides o en rollos. Se recomienda comprar porciones pequeñas que se consumirán en un par de días y nunca congelarlas, pues además de que pierden el sabor, una vez descongelados tienen notas a rancio o metal.

Desde hace un par de años nuevos estilos de queso de cabra se han desarrollado en el Bajío y en los estados de Coahuila, Morelos, Puebla y Veracruz. Asimismo, ahora existen productores que están rescatando algunos estilos de queso de cabra que ya se hacían en nuestro país, como la panela de leche de cabra. Los productores de todos estos quesos son emprendedores que vieron un nicho en el mercado y se han dado a la tarea de crear opciones que antes no existían en México, o salvaguardar recetas tradicionales. Todos ellos han colaborado cercanamente con Lactography, empresa liderada por los hermanos Georgina y Carlos Yescas, con el objetivo de promover los quesos artesanales mexicanos.

# LA SONRISA DEL NORTE: SUS DULCES

POR

*Altagracia Fuentes*

CRONISTA DE LAS TRADICIONES
GASTRONÓMICAS DEL NORESTE

Esos trozos de leche recocida convertidos en dulces, definitivamente saben a gloria. Todo aquel que se jacte de ser norteño, siempre se lleva a la boca uno de esos trocitos de cielo para culminar las grandes reuniones en torno a un fogón. No importa si es un asado de carne o una comida familiar cerca de la estufa, los norestenses siempre buscamos la Gloria.

La historia de nuestra dulcería no sería la misma si los españoles no hubieran decidido desarrollar asentamientos en el Nuevo Reino de León. El estado de Nuevo León, y lo que hoy es Coahuila, fueron poblados por europeos e indígenas del centro del país. Para su subsistencia, estos pioneros llegaron con ganado vacuno y caprino.

La típica leche bronca, sobre todo la de cabra, cocida por seis horas en peroles de cobre y meneada con cucharas de madera, tomó esa textura especial que la hizo manipulable para formar los primeros dulces. El control del fuego y la paciencia fueron la clave. Actualmente, con la receta y la experimentación incesante, se ha perfeccionado la elaboración de una masa con la que se hacen bolitas; que se retocan especialmente con una revolcada sobre azúcar,

canela molida, coco rallado o nuez criolla finamente picada.

Además de las afamadas Glorias, hay muchos otros dulces con figuras y nombres distintos. Los encontramos alargados o redondos como las marquetas, jamoncillos, gusanitos, turrones, borreguitos y conos. A los anteriores se suman las cautivantes empanadas rellenas de leche quemada, que siempre endulzan nuestras meriendas.

Habilidosos dulceros han incorporado otros sabores a sus creaciones. Los higos y las guayabas se usan para rellenar sus confites o los integran en rollos que combinan leche, frutas y especias. En Coahuila, la exquisita combinación de leche y nuez es parte de la cultura gastronómica, ya que este fruto seco proveniente del nogal se cosecha en amplias zonas semiáridas del estado sembradas con el noble árbol.

La fama de la leche recocida o leche quemada no es exclusiva de esta región, sino que se comparte con estados que otrora formaron el Nuevo Reino de León. Coahuila, Tamaulipas, Zacatecas y Texas, en Estados Unidos, así como algunas zonas de San Luis Potosí,

Durango, Chihuahua e incluso Sinaloa, practican de forma usual la preparación de dulces con la leche de cabra y vaca como ingrediente fundamental. Los dulces de leche, cualquiera que sea su forma y combinación, constituyen una verdadera herencia culinaria.

Por tratarse de territorios colonizados por familias españolas y por sacerdotes que dependían inicialmente del Obispado de Guadalajara, mucha de la influencia en cuanto a la fabricación de dulces se debe a la incansable labor de los monjes jesuitas, franciscanos y dominicos que trabajaron en la colonización de Aridoamérica. Por otra parte, las monjas fueron las precursoras del desarrollo de la panadería, la dulcería, la licorería y la cocina en general. Los conventos del centro del Virreinato fueron escenarios del mayor desarrollo de la cocina mestiza, que hoy es la base de la cocina mexicana.

Sabemos que en los primeros años del Virreinato la dulcería fue elaborada con leche de cabra, pero en la actualidad, ante la escasez de rebaños de cabras y cabritos, la producción se ha reducido y los lácteos caprinos se han sustituido por los de vaca.

Hoy entendemos que la fabricación de dulces es consecuencia de la necesidad de conservar las leches que debido a la sobreproducción corrían el riesgo de descomponerse. En el noreste, donde predominan las altas temperaturas, la gente optó por aprovechar la leche sobrante para productos dulces obtenidos tras un proceso de hervido y azucarado. Sabemos que los primeros dulces de leche se untaban sobre panes o tortillas tatuadas elaboradas de maíz o trigo. Con el paso del tiempo se elaboró una dulcería más diversa.

Una alternativa para sacarle partido al lácteo caprino fue la producción de quesos, que son muy prácticos en la cocina salada, así como en la repostería, tal como ocurre en los países mediterráneos; un ejemplo de ello, son las rebanadas de queso que se acompañan con ates y jamoncillos elaborados con el membrillo y la guayaba. Algunas variedades cremosas o maduradas de queso de cabra también se comen con jaleas de manzana.

Coahuila y Nuevo León son destinos culinarios muy dulces para quienes lo visitan y prueban sus productos derivados de la leche. ¡Buen provecho!

Recetas

# Cabezas de cabrito estilo norteño

¡La cabeza de cabrito es un manjar digno de reyes! Uno de mis recuerdos más vivos de la infancia es el de mi abuela comiendo una cabeza de cabrito. Ésta se disfruta entera; primero, se comen los pequeños cachetes que se disfrutan retirando las mandíbulas; después, se aprecian la lengua y los sesos, los cuales son deliciosos en taquitos y, por último, se come lo más rico: los ojos, a los cuales se les retira la pupila y se colocan en una tortilla de maíz con un poco de sal y unas gotas de jugo de limón.

## INGREDIENTES

5 cabezas de cabrito con pescuezo

orégano seco molido, al gusto

hojas de laurel molidas, al gusto

sal y pimienta al gusto

cantidad suficiente de hojas de plátano asadas

tortillas de maíz al gusto

salsa de mesa picante, al gusto

## PROCEDIMIENTO

1 Limpie las cabezas de cabrito perfectamente, retirando las pestañas y cualquier resto de piel en la nariz y la boca. Enjuáguelas bajo el chorro de agua fría hasta retirarles toda la sangre.

2 Espolvoree las cabezas por ambos lados con orégano, laurel, sal y pimienta al gusto.

3 Forre con hojas de plátano el fondo y las paredes de una vaporera con suficiente agua; coloque dentro las cabezas y cúbralas con las hojas de plátano. Cueza las cabezas al vapor durante 6 horas, agregando agua a la vaporera cuando sea necesario.

4 Sirva las cabezas acompañadas con tortillas de maíz y salsa picante al gusto.

*Sazone las cabezas de cabrito untándoles el interior de 2 ½ vainas de vainilla. Se sorprenderá de su sabor.*

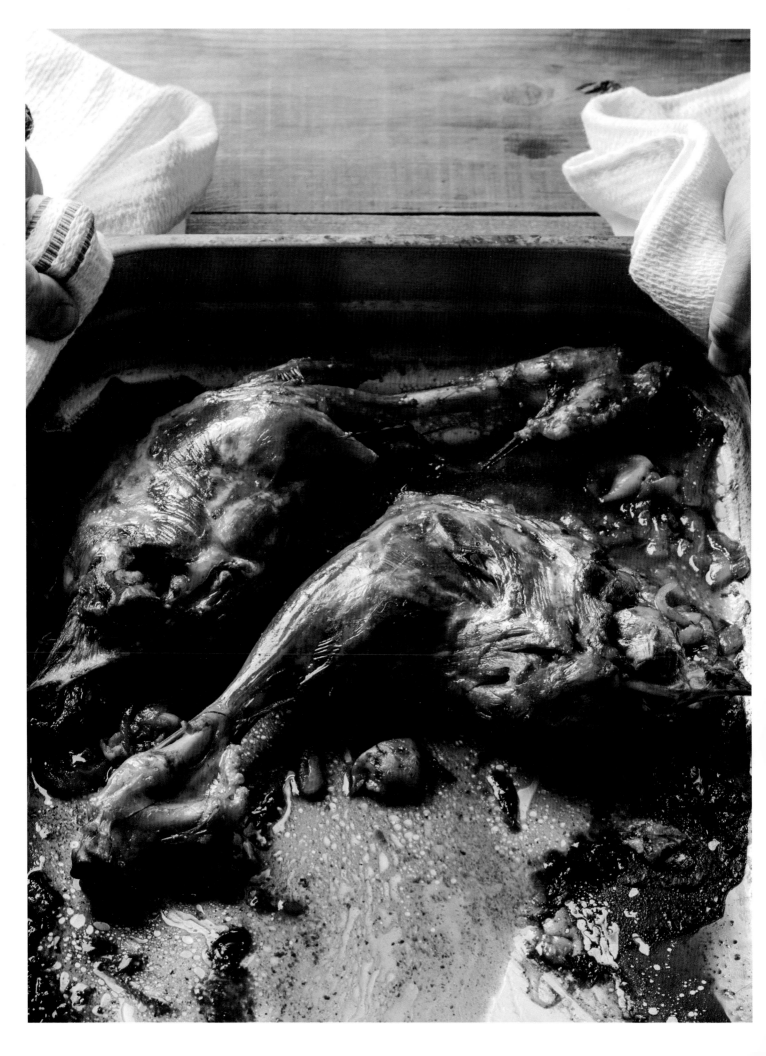

6 porciones | 2 h 30 min | sencillo

# Cabrito al horno

### INGREDIENTES

¼ de taza de aceite de oliva

2 cebollas fileteadas

4 dientes de ajo partidos por la mitad

1 cabrito entero cortado en trozos (2 piernas, 2 paletas, 2 riñonadas)

1 ½ tazas de vino blanco

1 taza de fondo o caldo de pollo

4 hojas de laurel

sal y pimienta al gusto

### PROCEDIMIENTO

1 Precaliente el horno a 120 °C.

2 Ponga sobre el fuego una bandeja para hornear con el aceite de oliva; cuando se caliente, sofría la cebolla fileteada durante 5 minutos. Agregue los ajos y dórelos ligeramente. Añada los trozos de cabrito y dórelos por ambos lados.

3 Vierta el vino blanco y el fondo o caldo de pollo, agregue las hojas de laurel, y deje cocer la preparación hasta que el líquido se reduzca a la mitad.

4 Hornee durante 1 ½ horas o hasta que la carne esté bien cocida; rectifique la cocción ocasionalmente para evitar que se sobrecueza o se queme.

# Cabrito al pastor

## INGREDIENTES

1 cabrito mediano entero, sin cabeza ni asadura y lavado con agua y sal

sal al gusto

## PROCEDIMIENTO

### Ensartado

1 Rompa las articulaciones de las extremidades del cabrito para abrirlo en mariposa.

2 Coloque el cabrito sobre una mesa, de modo que los cuartos traseros queden hacia arriba, y estírelo perfectamente.

3 Inserte una varilla con punta en el extremo inferior de la pata trasera izquierda y, después, pásela por el extremo inferior de la pata trasera derecha.

4 Inserte la varilla a través del lomo, de forma paralela a la columna vertebral, hasta llegar a la parte inferior del pescuezo.

5 Levante el cabrito de la mesa y colóquelo en posición vertical con los cuartos delanteros hacia arriba. Golpee la varilla contra el piso para lograr atravesar el pescuezo.

### Asado

1 Encienda un asador de carbón donde pueda fijar la varilla con el cabrito en posición vertical. Sazone el cabrito con sal al gusto.

2 Coloque la varilla sobre el asador, de manera que el pescuezo del cabrito quede en la parte inferior y el dorso en contacto directo con el fuego.

3 Ase el cabrito, girándolo 90° cada 45 minutos, durante 4 horas o hasta que obtenga el término de cocción deseado.

4 Retire el cabrito del asador y colóquelo sobre una mesa o base de madera; retire la varilla con cuidado. Córtelo con un hacha separando el pecho, la paleta, las patas y la riñonada. Sirva.

*Acompañe el cabrito al pastor con la ensalada de col de la página 181 o con la ensalada de su preferencia.*

*Consulte las páginas 116 a 119 como guía para ensartar un cabrito.*

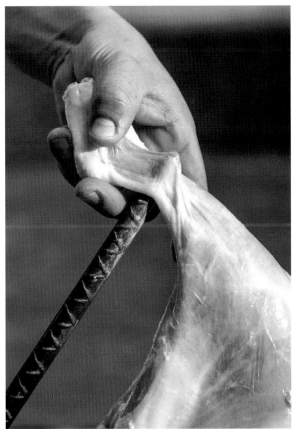
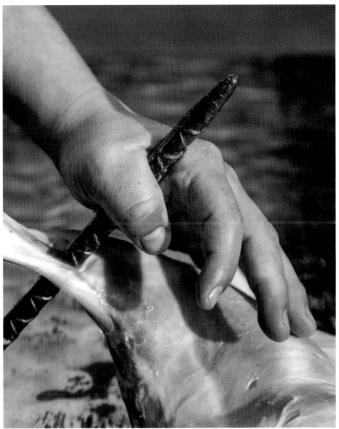

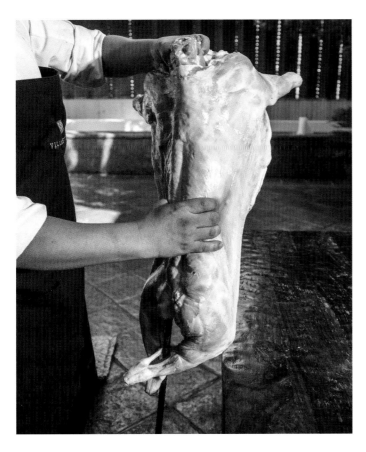

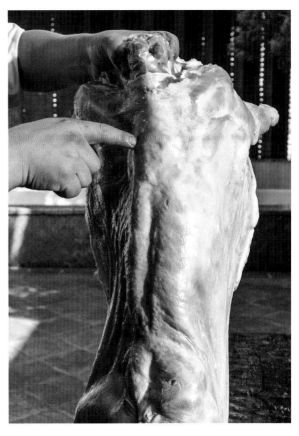

¡LISTO!

# Cabrito adobado frito

Cuando estaba al frente de El Mesón Principal, en los años noventa, organizábamos una gran celebración para conmemorar las fiestas patrias. La acompañábamos con música de mariachi y varios cantantes. En el estacionamiento se montaba una exhibición de charros, a pie y a caballo, donde mostraban sus habilidades con la riata. También preparábamos un bufet con diferentes preparaciones de cabrito, y entre las principales estaban el Cabrito en chile ancho y el Cabrito adobado frito que presento a continuación.

## INGREDIENTES

- 5 cucharadas de sal
- 5 cucharadas de páprika
- 1 cucharadita de pimienta de Cayena
- 1 cucharadita de ajo en polvo
- 1 cucharadita de cebolla en polvo
- 1 cabrito cortado en trozos pequeños de entre 5 y 8 cm de largo
- cantidad suficiente de aceite para freír
- sal y pimienta al gusto

## PROCEDIMIENTO

1 Mezcle en un tazón la sal, la páprika, la pimienta de Cayena y el ajo y la cebolla en polvo. Unte con esa mezcla los trozos de cabrito y colóquelos en una bolsa de plástico gruesa. Déjelos reposar en refrigeración durante una noche.

2 Caliente el aceite en una olla, de preferencia de hierro colado o de fondo grueso, hasta que tenga una temperatura entre los 160 y 180 °C.

3 Fría los trozos de cabrito, en tandas, durante 15 minutos o hasta que estén bien cocidos. Déjelos reposar sobre una rejilla colocada sobre una charola durante 10 minutos y sirva.

# Cabrito en chile ancho

## INGREDIENTES

2 tazas de vinagre blanco

1 cucharada de sal

½ cucharada de pimienta molida

1 cabrito mediano cortado en trozos, sin cabeza ni asadura

### Adobo de chile ancho

8 chiles anchos sin semillas ni venas

2 chiles guajillo sin semillas ni venas

6 cucharadas de aceite

1 cebolla picada finamente

5 dientes de ajo picados finamente

2 jitomates guaje rallados

1 pizca de comino molido

1 raja de canela

½ taza de fondo o caldo de pollo

sal y pimienta al gusto

### Guarnición

1 cebolla morada fileteada

1 ½ cucharaditas de sal

¼ de taza de agua

2 cucharadas de jugo de limón

1 cabeza de ajo sin pelar, partida por la mitad a lo ancho

1 cucharada de aceite de oliva

orégano fresco picado, al gusto

## PROCEDIMIENTO

1 Mezcle el vinagre con la sal y la pimienta. Frote los trozos de cabrito con esta mezcla y déjelos reposar durante 2 horas.

### Adobo de chile ancho

1 Tueste los chiles en un comal e hidrátelos en suficiente agua caliente durante 10 minutos. Escúrralos y resérvelos.

2 Ponga sobre el fuego un sartén con el aceite; cuando se caliente, agregue la cebolla y sofríala hasta que esté suave y translúcida. Baje el fuego, añada el ajo y sofríalo mezclándolo constantemente hasta que se dore ligeramente. Agregue el jitomate rallado y continúe la cocción durante 5 minutos más. Añada el comino y la raja canela; cueza durante un par de minutos más y retire del fuego.

3 Licue el sofrito con los chiles y el fondo o caldo de pollo hasta obtener una salsa homogénea; cuélela.

4 Unte los trozos de cabrito con el adobo de chile ancho, colóquelos en bolsas de plástico resellables gruesas y déjelos reposar en refrigeración durante 1 noche.

### Guarnición

1 Mezcle en un recipiente la cebolla morada con la sal y presiónela suavemente con la yema de los dedos para que la sal penetre en ella. Agregue el agua y el jugo de limón y déjela reposar entre 15 y 30 minutos. Escúrrale el exceso de líquido y mézclele el orégano picado.

2 Precaliente el horno a 205 °C.

3 Coloque cada mitad de ajo en un trozo de papel aluminio, barnícelas con el aceite de oliva y envuélvalas en el papel. Hornéelas durante 30 minutos y resérvelas calientes.

### Terminado

1 Reduzca la temperatura del horno a 160 °C. Coloque los trozos de cabrito en una olla que tenga tapa y que pueda introducir al horno (si la olla no tiene tapa puede cubrirla con papel aluminio). Hornéelos durante 2 ½ horas, destape la olla y deje cocer la preparación durante 20 minutos más o hasta que la carne esté suave. Retire del horno.

2 Sirva el cabrito acompañado con la cabeza de ajo rostizada y la cebolla morada encurtida.

# Cabrito horneado en salsa de tomate

## INGREDIENTES

1 cabrito de 4-5 kg cortado en trozos, sin cabeza ni asadura

2 tazas de jocoque seco sin azúcar

3 cebollas cortadas en rodajas

20 jitomates cortados en rodajas

1 cucharada de ajo picado finamente

3 tazas de fondo o caldo de pollo

sal y pimienta al gusto

### *Guarnición*

jitomates *cherry* al gusto

rodajas de cebolla al gusto

jocoque seco al gusto

## PROCEDIMIENTO

1 Unte el cabrito con el jocoque y salpimiéntelo al gusto.

2 Cubra el fondo de una olla de cocción lenta con una tercera parte de las rodajas de cebolla. Añada la mitad de los trozos de cabrito, cúbralos con la mitad de las rodajas de jitomate y con otra tercera parte de las rodajas de cebolla; añada sal y pimienta al gusto. Agregue los trozos de cabrito restantes, así como el resto de las rodajas de cebolla y de jitomate, el ajo picado y un poco más de sal y pimienta. Vierta el fondo o caldo de pollo y cueza en el nivel máximo de temperatura hasta que hierva.

3 Reduzca la temperatura y continúe la cocción entre 6 u 8 horas o hasta que la carne esté suave. Retire los trozos de cabrito con unas pinzas y resérvelos.

4 Licue todos los ingredientes del caldo hasta obtener una salsa homogénea; rectifique la sazón. Regrese la salsa a la olla a temperatura baja, añada los trozos de cabrito y sírvalos calientes acompañados con jitomates *cherry*, rodajas de cebolla y jocoque al gusto.

# Cabrito relleno

Esta receta la aprendió mi mamá "de oídas" cuando ayudaba en la caja del Restaurant Principal. En ocasiones atendía a clientes de la comunidad árabe asentada en Saltillo, quienes solían comprar cabrito crudo para rellenarlo. Mi mamá les preguntaba cómo lo preparaban y un día decidió intentarlo. El cabrito relleno se convirtió en uno de los platillos festivos de nuestra familia, principalmente para las fiestas decembrinas.

## INGREDIENTES

### Relleno

2 cucharadas de aceite

½ cebolla picada

3 dientes de ajo picados

1½ tazas de nueces picadas

1½ tazas de almendras picadas

4 tazas de arroz precocido

2 kg de filete de res picado finamente (no molido)

4 tazas de fondo o caldo de pollo

1 cucharadita de curry amarillo en polvo

### Cabrito

1 cabrito mediano entero, sin cabeza ni asadura y lavado con agua y sal

2 tazas de mantequilla a temperatura ambiente

sal y pimienta al gusto

## PROCEDIMIENTO

### Relleno

1 Sofría en un sartén con el aceite caliente la cebolla y el ajo picados hasta que se doren ligeramente. Añada las nueces y las almendras picadas y saltéelas durante un par de minutos. Agregue el arroz, dórelo ligeramente, y después añada el filete de res picado. Deje cocer la preparación mezclándola ocasionalmente hasta que la carne se cueza.

2 Incorpore el fondo o caldo de pollo y el curry en polvo. Baje la intensidad del fuego y continúe la cocción durante 10 minutos o hasta que el arroz esté cocido pero ligeramente duro. Salpimiente al gusto y reserve.

### Cabrito

1 Precaliente el horno a 185 °C.

2 Coloque el cabrito abierto en mariposa sobre una mesa de trabajo y unte el interior con 1 taza de mantequilla. Ciérrelo y con hilo cáñamo cosa el pecho y ate las piernas.

3 Rellene el cabrito con la preparación de arroz. Unte el exterior con el resto de la mantequilla y colóquelo en un refractario o recipiente para hornear. Tápelo con papel aluminio y hornéelo durante 2 ½ horas; retire el aluminio y continúe la cocción durante 30 minutos más o hasta que la superficie se dore. Sáquelo del horno y déjelo reposar durante 10 minutos.

4 Retire el hilo cáñamo y corte el cabrito con un hacha, separando el pecho, la paleta, las patas y la riñonada. Sirva.

# Fritada de cabrito de doña Lilia

Ésta es una receta que me fascina porque con ella crecí. Mi madre preparaba en casa la fritada que se vendía en el Restaurant Principal; comerla me recuerda los olores de mi hogar, siempre con la cocina a todo vapor mientras se preparaban la fritada, las tortillas de harina, el arroz y los charros, como se le conocía a los frijoles.

## INGREDIENTES

- 1 cabrito pequeño con cabeza, asadura (corazón, pulmón, hígado) y sangre
- ½ cebolla cortada en trozos + 1 taza fileteada
- 5 dientes de ajo + ¼ de taza picado
- 5 hojas de laurel
- 1 pizca de orégano seco
- ½ taza de aceite
- 1 taza de rodajas de zanahoria
- 1 taza de tiras de chile poblano sin semillas ni venas
- 1 taza de tiras de pimiento morrón sin semillas ni venas
- 1 taza de tiras de jitomate
- sal y pimienta al gusto
- hojas de tomillo al gusto
- hojas de mejorana al gusto

## PROCEDIMIENTO

1 Corte el cabrito en trozos pequeños y pique cada menudencia por separado.

2 Coloque en una olla los trozos de cabrito junto con el corazón y el pulmón picados; agregue los trozos de cebolla, los dientes de ajo, las hojas de laurel y el orégano. Cubra los ingredientes con suficiente agua y añada sal y pimienta al gusto.

3 Ponga la olla sobre fuego medio y, cuando la preparación hierva, retírela del fuego. Reserve por separado los trozos de cabrito, la asadura y el líquido de la cocción.

4 Licue la sangre del cabrito y pásela por un colador de malla fina. Resérvela.

5 Ponga sobre el fuego una cacerola grande con el aceite; cuando se caliente, dore en él por todos sus lados los trozos y la cabeza de cabrito.

6 Añada la cebolla fileteada, el ajo picado, las rodajas de zanahoria y las tiras de chile poblano, pimiento y jitomate; salpimiente al gusto, vierta la sangre colada y deje cocer, moviendo constantemente hasta que la preparación adquiera un color oscuro. Agregue el hígado picado, hojas de tomillo y de mejorana al gusto; rectifique la sazón.

7 Vierta poco a poco el líquido de cocción del cabrito hasta lograr la consistencia deseada. (La preparación puede ser tan ligera o espesa como guste.) Baje la intensidad del fuego , tape la cacerola y deje cocer la fritada durante 2 horas o hasta que la carne esté suave, añadiendo más caldo durante la cocción si lo considera necesario. Transfiera la preparación a un refractario y sirva.

# Fritada de cabrito de Juan Ramón

Esta receta fue adecuada a los sabores que, a mi parecer, agradan a las nuevas generaciones desligadas del monte y de los sabores campiranos. La esencia es la misma, pero reduje la cantidad de sangre y cambié el líquido de cocción por un fondo claro de res. También incorporo, como en otras de mis recetas, chiles serranos en vinagre, que aportan una acidez muy sabrosa y, junto con el chile guajillo, un picor agradable. El resultado es una fritada con mucha aceptación.

## INGREDIENTES

- 1 cabrito entero de 4 kg con cabeza, asadura (corazón, pulmón, hígado), tripas y sangre
- 8 tazas de manteca de cerdo
- 3 chiles guajillo
- 1 cucharada de aceite vegetal
- 2 zanahorias cortadas en rodajas
- 1½ cebollas fileteadas
- 6 jitomates picados
- 2 chiles poblanos sin semillas ni venas, cortados en tiras
- 5 dientes de ajo picados
- 2 ℓ de fondo claro de res
- 2 ℓ de agua
- 5 hojas de laurel
- 1 ramillete de oreganillo del desierto
- ¼ de taza de chiles serranos en escabeche
- cebolla morada encurtida, al gusto (ver pág. 123)
- sal y pimienta al gusto

## PROCEDIMIENTO

1 Corte el cabrito en trozos pequeños, separando las costillas del resto de los elementos. Pique por separado la asadura. Lave las tripas con suficiente agua fría, por dentro y por fuera, repitiendo el procedimiento 3 veces y píquelas.

2 Unte cada trozo de cabrito con sal y déjelos reposar en refrigeración durante 1 noche. Asimismo, refrigere por separado la asadura, las tripas limpias, las costillas y la sangre.

3 Caliente la manteca de cerdo en un sartén grande hasta que tenga una temperatura de 90 °C. Añada las costillas y cuézalas durante 2 horas procurando mantener estable la temperatura. Retírelas del fuego y resérvelas.

4 Cueza los chiles guajillo en agua hirviendo hasta que estén suaves. Licúelos con un poco del agua de cocción, y sal y pimienta hasta obtener una salsa homogénea. Resérvela.

5 Dore los trozos de cabrito en una olla con el aceite. Añada las rodajas de zanahoria, la cebolla fileteada, el jitomate picado y las tiras de chile poblano; mezcle, baje el fuego y agregue la asadura, las tripas lavadas, la sangre y el ajo picado. Continúe la cocción, mezclando ocasionalmente, hasta que la preparación se dore.

6 Vierta el fondo de res y el agua y suba la intensidad del fuego; cuando la preparación hierva, salpimiente al gusto y reduzca nuevamente el fuego. Añada la salsa de chile guajillo y continúe la cocción durante 3 horas más. Incorpore las hojas de laurel y el oreganillo 10 minutos antes de finalizar la cocción.

7 Sirva la fritada con los chiles en escabeche y cebolla morada encurtida.

# Fritada de cabrito de doña Fela

Cuando mis hermanos y yo éramos niños, mi abuela materna se quedaba en casa durante algunas temporadas; por las tardes nos preparaba buñuelos crujientes y en ocasiones ayudaba a mi mamá a preparar chorizo casero. La receta de fritada que presento a continuación es su receta, más sencilla que la de mi madre, pues tiene menos verdura y no incluye chiles secos.

## INGREDIENTES

1 cabrito pequeño con cabeza, asadura (hígado, pulmón, corazón), tripas y sangre

½ cebolla troceada + 1 taza fileteada

5 dientes de ajo + ¼ de taza picado

1 pizca de orégano seco

½ taza de manteca de cerdo

1 taza de tiras de jitomate

sal y pimienta al gusto

### Guarnición
tortillas de maíz al gusto

salsa molcajeteada, al gusto (*ver pág. 187*)

## PROCEDIMIENTO

1 Corte el cabrito en trozos pequeños. Pique por separado la asadura. Lave las tripas, con suficiente agua fría, por dentro y por fuera, repitiendo el procedimiento 3 veces, y córtelas en cubos. Reserve todos los elementos por separado.

2 Coloque en una olla los trozos de cabrito, la cabeza, el corazón y el pulmón picados, los trozos de cebolla, los dientes de ajo, el orégano, sal y pimienta al gusto; cubra todos los ingredientes con suficiente agua. Ponga la olla sobre el fuego y deje que la preparación hierva. Retire la olla del fuego, cuele y reserve la cabeza, la asadura y el líquido de la cocción por separado.

3 Licue la sangre del cabrito y pásela por un colador de malla fina. Resérvela.

4 Ponga sobre el fuego una cacerola grande con la manteca de cerdo; cuando se caliente, dore por todos sus lados los trozos de cabrito y la cabeza. Añada la cebolla fileteada, el ajo picado, las tiras de jitomate, las tripas, la asadura y salpimiente al gusto. Vierta la sangre colada y continúe la cocción mezclando constantemente; cuando la preparación adquiera un color oscuro, añada el hígado y rectifique la sazón.

5 Vierta poco a poco el líquido de la cocción del cabrito hasta lograr la consistencia deseada. (La preparación puede ser tan ligera o espesa como guste.) Disminuya la intensidad del fuego y deje cocer la fritada durante 2 horas o hasta que la carne esté suave, añadiendo más caldo durante la cocción si lo considera necesario.

6 Sirva la fritada acompañada con tortillas de maíz y salsa molcajeteada al gusto.

# Fritada de cabrito de doña Licha

Doña Licha era la abuela paterna de mi esposa Beatriz. Esta receta era famosa entre varios saltillenses y algunos aseguraban que fritada como la de doña Licha no existía ninguna más. Esta receta fue dictada a mi cuñada Maru, a quien agradezco que haya guardado celosamente este tesoro por años. Para que sea perfecta se requiere un cabrito de leche que no haya salido al campo.

## INGREDIENTES

- 1 cabrito con cabeza, asadura (hígado, pulmón, corazón), tripas y sangre
- 4 dientes de ajo picados + 5 enteros
- 1 chile ancho sin semillas ni venas, hidratado en agua caliente y escurrido
- ½ taza de aceite
- 5 hojas de laurel
- 2 zanahorias cortadas en rodajas
- 1 cebolla fileteada
- 4 jitomates grandes cortados en rodajas
- 2 chiles poblanos sin semillas ni venas, cortados en rajas
- 1 pizca de orégano seco
- ¼ de taza de chiles en vinagre
- sal al gusto
- pimienta gorda molida, al gusto
- chiles jalapeños toreados, al gusto

## PROCEDIMIENTO

1 Corte el cabrito en trozos pequeños, excepto la cabeza, y resérvelos. Lave las tripas con suficiente agua fría, por dentro y por fuera, repitiendo el procedimiento 3 veces.

2 Cueza al vapor la asadura, la cabeza y las tripas junto con 2 ajos picados y sal al gusto durante 6 horas, agregando agua a la vaporera cuando sea necesario. Retire la vaporera del fuego y corte la asadura y las tripas en cubos pequeños; conserve la cabeza entera y reserve.

3 Ponga sobre el fuego una olla con la sangre, un poco de agua, 2 ajos picados y sal al gusto; cueza la preparación mezclándola constantemente hasta que se obscurezca. Lícuela con el chile ancho hasta obtener una salsa homogénea.

4 Caliente la mitad del aceite en una olla y cocine la salsa durante 5 minutos. Retírela del fuego y resérvela.

5 Ponga sobre fuego bajo una olla con los trozos de cabrito, los dientes de ajo enteros, las hojas de laurel, el resto del aceite y sal al gusto; cubra los ingredientes con agua y cuézalos durante 1 hora. Incorpore las rodajas de zanahoria, la cebolla fileteada, las rodajas de jitomate y las rajas de chile poblano; continúe la cocción durante 1 hora más.

6 Vierta sobre la preparación la salsa de sangre, el orégano y la pimienta gorda; continúe la cocción durante 10 minutos más e incorpore los cubos de asadura y de tripas, la cabeza y los chiles en vinagre. Mezcle y deje hervir durante un par de minutos más.

7 Sirva la fritada en platos hondos acompañada con chiles jalapeños toreados.

# Machito de cabrito estilo norteño

De niño esperaba que mi padre o mi madre llevaran un machito a la mesa para robarme las tripitas; siempre me dejaban tomarlas, y lo recuerdo como si recibiera un premio. El machito es la asadura o menudencia del cabrito, es decir, el hígado, el pulmón, comúnmente llamado bofe, y el corazón que se envuelven en un redaño formando un cilindro, para después enredarse en las tripas de leche del cabrito. No todos los machitos son iguales, algunos son delgados, de aproximadamente 4 centímetros, y otros, como a mí me gusta, son más gruesos, de 6 centímetros. También hay cocineros que prefieren no incluir el bofe o pulmón en su elaboración. En el restaurante El Correo Español de la Ciudad de México se fríe el redaño con la tripa y el hígado se sirve por separado.

## INGREDIENTES

las tripas de 5 cabritos

las asaduras de 5 cabritos (hígado, pulmón, corazón, peritoneo o redaño)

sal y pimienta al gusto

### Guarnición
papa cambray cocida, al gusto

cebolla cambray asada, al gusto

chiles toreados al gusto

## PROCEDIMIENTO

1 Lave las tripas con suficiente agua fría, por dentro y por fuera, repitiendo el procedimiento 3 veces; resérvelas. Limpie del mismo modo la asadura. Corte en cubos pequeños el hígado, el pulmón y el corazón; enjuague este último nuevamente para eliminar los restos de sangre.

2 Extienda sobre una mesa los redaños y distribúyales encima las asaduras picadas; espolvoree sal y pimienta al gusto.

3 Enrolle los redaños sobre sí mismos para obtener 5 cilindros bien apretados. Enrolle una tripa alrededor de cada cilindro cerrando los extremos con la misma tripa (ver págs. 138 y 139).

4 Ensarte los cilindros en una varilla para asar cabrito y áselos en una parrilla a fuego bajo durante 3 horas. Sirva los machitos acompañados con la guarnición.

### VARIANTES

#### Machito con ajo y orégano
Añada a los cubos de asaduras 2 dientes de ajo picados conservados en aceite y ¼ de taza de orégano seco triturado. Forme los machitos y cuézalos en el horno a 180 °C durante 3 horas.

#### Al albañil
Pique finamente las menudencias y las tripas. Caliente una plancha con un poco de aceite y sofría 1 taza de cebolla picada; después añada 1 taza de pimiento morrón picado y las menudencias. Saltee la preparación hasta que las menudencias estén bien cocidas.

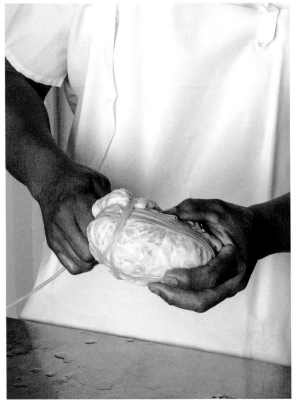

# Cabrito adobado a las brasas

ARTURO FERNÁNDEZ

## INGREDIENTES

1 cabrito mediano entero, sin cabeza ni asadura

10 hojas de aguacate molidas

15-20 dientes de ajo picados

sal de Colima al gusto

### Adobo

75 g de chile pasilla

50 g de chile ancho

20 g de chile guajillo

1 cucharadita de cominos

1 cucharadita de pimienta tabasco o gorda

1 raja de canela de 10 cm

5 cucharaditas de orégano yucateco

### Crema de ajo

5 cucharaditas de leche

1 yema

2 dientes de ajo

el jugo de 1 limón

125 ml de aceite

sal de Colima al gusto

### Guarnición y terminado

cantidad suficiente de aceite

3-4 zanahorias baby

1 cebolla cambray cortada en rodajas

tortillas de maíz al gusto

hojas de cilantro al gusto

## PROCEDIMIENTO

1 Masajee la carne del cabrito por dentro y por fuera con sal al gusto, las hojas de aguacate molidas y el ajo picado. Déjelo reposar en refrigeración durante 12 horas.

### Adobo

1 Ase ligeramente los chiles secos en un comal o sartén. Sumérjalos en un recipiente con suficiente agua caliente y déjelos reposar durante 45 minutos.

2 Escúrralos y lícuelos con el resto de los ingredientes hasta obtener una salsa tersa y homogénea. Pásela a través de un colador de malla fina y resérvela.

### Crema de ajo

1 Procese en una licuadora de inmersión la leche con la yema, los dientes de ajo, el jugo de limón y un poco de sal hasta obtener una mezcla homogénea.

2 Con la licuadora encendida, vierta poco a poco el aceite en forma de hilo hasta que obtenga una crema espesa con una consistencia similar a la de una mayonesa. Resérvela.

### Guarnición y terminado

1 Saque el cabrito del refrigerador y úntelo con el adobo, reservando un poco de este último para la decoración. Déjelo reposar en refrigeración durante 8 horas más.

2 Prepare un asador de carbón a fuego bajo. Coloque el cabrito abierto en mariposa en una rejilla sobre las brasas. Cuézalo girándolo ocasionalmente durante 2 ½ horas o hasta obtener el término deseado. Retírelo del asador y déjelo reposar durante 10 minutos.

3 Barnice las zanahorias baby con un poco de aceite y cuézalas en el asador hasta que estén suaves y doradas. Pártalas por la mitad a lo largo y resérvelas.

4 Corte el cabrito en trozos, sírvalos en platos sobre una tortilla y decórelos con las rodajas de cebolla y hojas de cilantro al gusto. Acompañe con más tortillas, las zanahorias asadas y con el adobo que reservó.

# Ventresca de cabrito, mole prieto, puré de coliflor y hojas picantes

JONATÁN GÓMEZ LUNA

## INGREDIENTES

### Ventresca

100 g de sal

2 ℓ de agua

1 ventresca de cabrito, cortada en 4 trozos de 80 g c/u

1 cebolla troceada

2 dientes de ajo rostizados

1 rama de tomillo

### Puré de berenjena

1 ½ kg de berenjenas

sal de Colima al gusto

### Puré de coliflor

300 g de floretes de coliflor

2 tazas de leche

2 cucharadas de mantequilla a temperatura ambiente

sal de Colima al gusto

### Puré de cebolla quemada

1 kg de cebolla tatemada

2 ½ cucharadas de azúcar

1 cucharada de sal

12 g de agar-agar

### Cebollas cambray

4 cebollas cambray medianas

2 cucharadas de aceite

### Ceniza de cebolla

500 g de cebollas blancas troceadas

### Cebolla encurtida

1 cebolla morada mediana cortada en gajos

el jugo de 1 lima yucateca

el jugo de 1 naranja agria

2 cucharaditas de vinagre blanco

sal de Colima al gusto

### Mole prieto

1 cucharada de aceite de maíz

¼ de cebolla

2 dientes de ajo

5 hojas de epazote

200 g de cuitlacoche fresco

2 chiles guajillo hidratados en agua y escurridos

1 chile chipotle meco hidratado en agua caliente y escurrido

1 raja de canela de 10 cm

2 clavos

2 tazas de caldo de pollo

3 cucharadas de manteca de cerdo

sal de Colima al gusto

### Emulsión de leche de cabra y ajos rostizados

1 taza de leche de cabra de Saltillo

2 cucharadas de ajos rostizados, machacados

3 g de *sucroester*

2 cucharadas de agua

sal de Colima al gusto

### Tortillas de hoja santa

200 g de masa de maíz nixtamalizada

2 cucharadas de hoja santa seca y molida

sal de Colima al gusto

### Cilindros de plátano macho

4 plátanos machos maduros, con cáscara

cantidad suficiente de aceite para freír

### Terminado y montaje

cantidad suficiente de aceite

12 hojas de mastuerzo

12 hojas de acedera

12 hojas de acelga amarilla

12 hojas de acelga roja

12 hojas de trébol

12 flores de borraja

12 hojas de cilantro criollo

12 flores de cilantro criollo

### Ventresca

1 Disuelva la sal en el agua. Coloque los trozos de ventresca de cabrito en un recipiente y cúbralos con la solución de agua salada; déjelos reposar durante 30 minutos.

2 Escurra los trozos de ventresca y enjuáguelos con suficiente agua fría. Colóquelos dentro de una bolsa de vacío junto con la cebolla troceada, los ajos rostizados y el tomillo. Cuézalos en un termocirculador a 65 °C durante 12 horas. Saque las bolsas del agua y colóqueles encima un peso para prensar la ventresca. Resérvelas.

### Puré de berenjena

1 Ase las berenjenas en un comal o asador hasta que se ennegrezcan. Muélelas en una Thermomix® a temperatura media hasta obtener un puré terso y sin grumos. Añádale sal al gusto y resérvelo.

### Puré de coliflor

1 Cueza los floretes de coliflor en una olla con la leche hasta que estén suaves. Muélalos con la leche de cocción en una licuadora de inmersión hasta obtener un puré sin grumos. Incorpórele la mantequilla y mezcle hasta obtener un puré terso. Añádale sal al gusto y resérvelo.

### Puré de cebolla quemada

1 Corte las cebollas en mitades y póngalas en una bolsa de vacío con el azúcar y la sal. Cuézalas en un termocirculador a 80 °C durante 72 horas.

2 Saque las cebollas de la bolsa y lícuelas hasta obtener un puré homogéneo. Caliéntelo en una olla sobre fuego medio, añada el agar-agar y mézclelo hasta que se disuelva. Deje enfriar el puré y lícuelo nuevamente hasta que obtenga una consistencia tersa. Resérvelo.

### Cebollas cambray

1 Deseche las primeras 2 capas de las cebollas cambray y córtelas por la mitad. Dórelas por ambos lados en un sartén con el aceite caliente y resérvelas.

### Ceniza de cebolla

1 Ase los trozos de cebolla en un comal o en un asador sobre las brasas hasta que se ennegrezcan por completo. Tritúrelos en un procesador de alimentos hasta obtener un polvo fino.

### Cebolla encurtida

1 Introduzca todos los ingredientes en una bolsa de vacío. Cierre la bolsa y déjelos reposar durante 1 hora.

### Mole prieto

1 Caliente el aceite en un sartén y sofría en él la cebolla, el ajo, el epazote y el cuitlacoche durante 5 minutos. Retire del sartén la cebolla y los dientes de ajo y lícuelos con los chiles, la canela, los clavos y el caldo de pollo hasta obtener una salsa homogénea y tersa.

2 Ponga sobre el fuego una olla con la manteca; cuando se caliente, cocine el mole mezclándolo ocasionalmente durante algunos minutos hasta que se espese. Añádale sal al gusto y páselo a través de un colador de malla fina. Resérvelo.

### Emulsión de leche de cabra y ajos rostizados

1 Ponga sobre fuego medio una cacerola con la leche y los ajos rostizados; cuando la leche hierva retírela del fuego y déjela reposar durante 5 minutos. Añádale sal al gusto, cuélela y déjela entibiar.

2 Diluya el sucroester en el agua y procéselo en una licuadora de inmersión. Incorpore poco a poco la leche tibia y siga procesando durante 1 minuto. Separe las burbujas estables y tibias que se forman en la superficie y resérvelas.

### Tortillas de hoja santa

1 Mezcle la masa de maíz con la hoja santa y sal al gusto. Forme con la masa esferas de 50 gramos y aplástelas con una máquina para tortillas.

2 Caliente un sartén o comal sobre el fuego y cueza las tortillas por ambos lados; retírelas del fuego cuando inflen y consérvelas calientes en un tortillero.

### Cilindros de plátano macho

1 Deseche las orillas de los plátanos y córtelos, sin pelarlos, en trozos de 5 centímetros de largo. Coloque sobre el fuego un sartén con suficiente aceite; cuando se caliente, fría los trozos de plátano hasta que se doren. Resérvelos calientes.

### Terminado y montaje

1  Dore las ventrescas por el lado de la piel en un sartén con un poco de aceite. Sírvalas en platos hondos y distribuya en cada plato el puré de berenjena, de coliflor y de cebolla quemada, las cebollas cambray, la ceniza de cebolla, la cebolla encurtida y los cilindros de plátano. Decore con la emulsión de leche de cabra y 3 brotes de cada variedad. Acompañe con mole prieto y tortillas de hoja santa.

*Si lo desea, puede ahumar las tortillas de hoja santa en un asador con madera de zapote o de manzano.*

# Cabrito ahumado con salsa de chile verde y xoconostle

ADRIÁN HERRERA

## INGREDIENTES

- 1 cabrito pequeño cortado en trozos
- la ralladura de 1 limón
- 2 dientes de ajo machacados
- 2 cucharadas de aceite vegetal
- sal al gusto
- orégano seco triturado, al gusto

### Salsa de chile verde y xoconostle

- 100 g de chiles serranos sin semillas ni venas
- 5 dientes de ajo asados

- 1 cebolla troceada
- 1 cucharada de orégano seco
- ½ cucharadita de laurel molido
- 2 pimientos morrones verdes sin semillas ni venas, asados con su tizne
- 5 tazas de caldo de verduras
- 1 taza de vino blanco seco
- ½ taza de aceite vegetal
- 4 pimientos morrones amarillos sin semillas ni venas, asados y cortados en tiras

- 3 xoconostles hervidos y troceados
- 1 cucharada de jengibre fresco, pelado y picado
- 3 cucharadas de azúcar
- sal al gusto

### Montaje

- hojas de cilantro al gusto (opcional)
- hojas de hierbabuena al gusto (opcional)

## PROCEDIMIENTO

1 Unte los trozos de cabrito con sal y orégano al gusto y con la ralladura de limón. Déjelos reposar en refrigeración durante una noche.

2 Prepare un ahumador con la madera de su elección; cuando se caliente, ahúme los trozos de cabrito durante 4 horas. Después, colóquelos en una vaporera junto con los ajos machacados y déjelos cocer durante 2 horas o hasta que la carne esté suave.

3 Ponga sobre el fuego un sartén con el aceite; cuando se caliente, dore en él los trozos de cabrito por todos sus lados. Resérvelos.

### Salsa de chile verde y xoconostle

1 Licue los chiles con los dientes de ajo, la cebolla, el orégano, el laurel, los pimientos verdes, el caldo de verduras y el vino blanco hasta obtener una salsa homogénea.

2 Ponga sobre el fuego una olla con el aceite; cuando se caliente, sofría la salsa durante 5 minutos. Agregue las tiras de pimiento amarillo, el xoconostle y el jengibre y deje cocer a fuego medio durante 30 minutos. Incorpore el azúcar y sal al gusto.

### Montaje

1 Sirva los trozos de cabrito bañados con la salsa y decore, si lo desea, con hojas de cilantro y hierbabuena.

# Mole de caderas mixteco

ALEJANDRO RUÍZ

## INGREDIENTES

2 cabritos pequeños enteros, con cabeza y sin asadura

cantidad suficiente de aceite

2 zanahorias cortadas en trozos pequeños

2 cebollas cortadas en trozos pequeños

1 rama de apio cortada en trozos pequeños

sal al gusto

### Mole

4 dientes de ajo

1 cebolla troceada

2 kg de miltomates criollos tatemados

100 g de chiles costeños rojos tatemados, sin semillas ni venas

150 g de chiles costeños amarillos tatemados, sin semillas ni venas

80 g de semillas de guaje tatemadas

100 g de chepiche tatemado

1 cucharadita de clavo tatemado

1 cucharadita de pimientas gordas tatemadas

½ cucharadita de cominos tatemados

2 cucharadas de manteca de cerdo

180 g de hoja de aguacate

250 g de orégano fresco

½ taza de masa de maíz disuelta en 1 cucharadita de agua

sal al gusto

### Guarnición y terminado

2 cucharadas de aceite

1 cebolla picada finamente

3 dientes de ajo picados finamente

500 g de ejotes morados

1 kg de calabacitas criollas cortadas en rodajas

12 ramas de chepiche

sal y pimienta al gusto

## PROCEDIMIENTO

1 Reserve las cabezas de los cabritos, retíreles el exceso de grasa y córtelos en trozos medianos.

2 Precaliente el horno a 150 °C.

3 Ponga sobre el fuego una olla grande con aceite; cuando se caliente, dore los trozos de cabrito por todos sus lados. Añada las verduras troceadas y vierta la cantidad necesaria de agua para cubrir la mitad de la carne.

4 Introduzca la olla en el horno y deje cocer la preparación durante 2 horas o hasta que la carne esté suave. Saque los trozos de cabrito de la olla y sazónelos con sal al gusto.

5 Desprenda la carne de los huesos de cada trozo de cabrito y colóquela en un molde o refractario rectangular. Cúbrala con otro molde más pequeño y coloque encima un peso que permita presionar y compactar la carne. Resérvela en refrigeración durante 2 días.

### Mole

1 Ponga sobre el fuego una olla con las cabezas de cabrito, los dientes de ajo y la cebolla troceada; agregue sal al gusto y cubra todos los ingredientes con suficiente agua. Deje cocer hasta que el líquido se reduzca a la mitad; retire la olla del fuego. Cuele y reserve las cabezas y el caldo por separado.

2 Licue los miltomates con los chiles, las semillas de guaje, el chepiche, las especias tatemadas y un poco del caldo de cocción de las cabezas hasta obtener una salsa homogénea y tersa; cuélela.

CONTINÚA EN LA PÁGINA 203

# Ceviche de cabrito

ÁNGEL GARCÍA

## INGREDIENTES

- 1 cabrito pequeño con piel, sin cabeza ni asadura y cortado en trozos
- 1 cebolla troceada
- 3 dientes de ajo
- orégano seco al gusto
- tomillo seco al gusto
- mejorana seca al gusto
- cantidad suficiente de aceite

### Ceviche

- 3 cucharadas de aceite de oliva
- el jugo de 1 limón
- 1 taza de jitomates *cherry* de varios colores, cortados en tiras
- 1 cebolla morada fileteada
- sal y pimienta al gusto

### Terminado y montaje

- 3 cucharadas de alcaparras conservadas en salmuera
- cantidad suficiente de aceite
- la pulpa de 1 aguacate hecha puré
- 1 chile serrano picado
- 1 rábano fresco cortado en rodajas
- brotes de cilantro al gusto

## PROCEDIMIENTO

1 Coloque todos los ingredientes, excepto el aceite, en una olla y cúbralos con suficiente agua. Póngala sobre el fuego y deje cocer la carne durante 3 horas o hasta que esté suave. Saque los trozos de cabrito y déjelos entibiar.

2 Precaliente el horno a 200 °C.

3 Retire la piel a los trozos de cabrito cuidando no romperla. Coloque los trozos de piel en una charola para hornear, rocíelos con un poco de aceite y hornéelos hasta que se doren y estén crujientes. Retírelos del horno y resérvelos.

### Ceviche

1 Retire los huesos a los trozos de cabrito y deséchelos. Pique la carne y mézclela en un tazón con el aceite de oliva, el jugo de limón, los jitomates *cherry*, la cebolla morada y salpimiente al gusto. Reserve.

### Terminado y montaje

1 Escurra las alcaparras y colóquelas sobre papel absorbente para eliminar el exceso de líquido. Caliente un poco de aceite en un sartén y dore en él las alcaparras, moviéndolas frecuentemente. Resérvelas sobre papel absorbente.

2 Extienda un poco del puré de aguacate sobre cada plato, coloque encima un trozo de piel de cabrito y distribuya encima el ceviche de cabrito. Decore con las alcaparras fritas, el chile serrano, las rodajas de rábano y brotes de cilantro.

# Cabrito al pulque

EDGAR NÚÑEZ

## INGREDIENTES

2 tazas de aceite de maíz

10 dientes de ajo troceados

2 cebollas troceadas

las hojas de 2 ramas de romero

5 chiles puya troceados

3 chiles guajillo troceados

1 cucharadita de pimienta gorda
   molida

1 cabrito pequeño entero,
   sin cabeza ni asadura

cantidad suficiente de caldo de res

1½ cucharadas de mantequilla

1½ cucharadas de harina de trigo

1 taza de pulque blanco

sal al gusto

## PROCEDIMIENTO

1 Mezcle en un tazón el aceite de maíz, el ajo y la cebolla troceados, las hojas de romero, los chiles y la pimienta gorda. Unte el cabrito por dentro y por fuera con esta mezcla y déjelo reposar en refrigeración durante 24 horas.

2 Precaliente un asador de carbón.

3 Escurra el cabrito, espolvoréelo con sal al gusto y colóquelo abierto en mariposa en la parrilla del asador. Cuézalo a las brasas, girándolo frecuentemente, durante 3 horas o hasta que esté dorado por ambos lados y la carne esté suave. Colóquelo sobre una mesa o superficie de madera y córtelo en trozos medianos.

4 Introduzca los trozos de cabrito en bolsas de vacío y llénelas con la cantidad necesaria de caldo de res para cubrirlos bien. Cierre las bolsas y cueza el cabrito en un termocirculador a 62 °C durante 18 horas.

5 Abra las bolsas y reserve el caldo de cocción. Deshuese la carne de cabrito y resérvela.

6 Ponga sobre el fuego una olla con la mantequilla; cuando se derrita, agregue harina y mézclela hasta obtener una pasta homogénea. Incorpore con un batidor globo el caldo de cocción del cabrito. Mezcle hasta obtener una salsa espesa, vierta el pulque, mezcle y cueza durante 3 minutos más. Cuele la salsa y rectifique la sazón.

7 Sirva los trozos de cabrito bañados con la salsa de pulque. Si lo desea acompañe con una ensalada de su elección.

# Cabrito negro

FEDERICO LÓPEZ

## INGREDIENTES

### Recado negro

5 dientes de ajo asados

2 cebollas asadas y troceadas

4 jitomates asados y troceados

4 pimientas gordas tostadas

4 clavos tostados

1 taza de tortillas de maíz quemadas y molidas

1 pizca de comino seco molido

3 chiles secos yucatecos o chiles costeños secos, tostados

cantidad suficiente de caldo de cabrito o res

sal de grano al gusto

### Cabrito

1 cabrito pequeño entero, sin cabeza ni asadura

1 naranja cortada en mitades

sal y pimienta al gusto

hierbas de olor al gusto

cantidad suficiente de hojas de plátano asadas

1 manojo de cilantro fresco, atado firmemente

### Guarnición

tortillas de maíz al gusto

rábanos asados al gusto

aguacate al gusto

salsa de mesa picante, al gusto

## PROCEDIMIENTO

### Recado negro

1 Muela los dientes de ajo con las cebollas, los jitomates, las pimientas, los clavos, la tortilla molida, el comino, los chiles y sal al gusto; deberá obtener una pasta homogénea. Vierta poco a poco la cantidad necesaria de caldo de cabrito para obtener un adobo espeso y terso.

### Cabrito

1 Frote la carne del cabrito por dentro y por fuera con las mitades de naranja y con sal y pimienta al gusto; espolvoréelo con hierbas de olor.

2 Caliente un asador y cubra la rejilla de éste con hojas de plátano.

3 Barnice el cabrito con ayuda del manojo de cilantro, por dentro y por fuera con el recado negro. Cúbralo con más hojas de plátano y cuézalo a las brasas, barnizándolo constantemente con más recado negro, entre 2 y 3 horas o hasta que la carne esté suave.

4 Coloque el cabrito sobre una mesa o superficie de madera y córtelo en trozos. Sírvalos acompañados con tortillas de maíz, rábanos asados, aguacate y salsa de mesa picante, al gusto.

# Chivo estilo Jalisco

FRANCISCO RUANO

## INGREDIENTES

**Adobo jalisquillo**

6 chiles guajillo

2 chiles puya

2 chiles anchos

1 cebolla

3 dientes de ajo

1 raja de canela

2 hojas de laurel

orégano seco al gusto

cominos al gusto

150 g de manteca de cerdo

sal y pimienta al gusto

**Chivo**

1 paletilla de chivo

7 naranjas agrias cortadas en mitades

200 g de dientes de ajo

500 g de adobo jalisquillo

4 nopales picados

200 g de tallos de verdolaga

1 manojo de cilantro

2 chayotes pelados y picados

50 g de habas secas

2 elotes desgranados

2½ cebollas picadas

4 chiles serranos picados

cantidad suficiente de paja esterilizada

cantidad suficiente de masa de maíz nixtamalizada

sal de Colima al gusto

**Caldo**

1 cabeza de chivo asada

4 elotes asados

1 manojo de hojas de elote asadas

6 nopales picados

1 puñado de paja esterilizada

cantidad suficiente de caldo de verduras

el jugo de 1 limón

**Terminado y montaje**

cantidad suficiente de aceite

2 limones

4 cucharadas de aceite de oliva

2 tazas de hojas de coles de Bruselas blanqueadas

2 tazas de nopales curados en sal

12 tortillas de maíz

1 chile serrano picado

sal y pimienta al gusto

hierbas de temporada, al gusto

## PROCEDIMIENTO

**Adobo jalisquillo**

1 Tateme en un comal los chiles, la cebolla, los dientes de ajo y las especias, cuidando que ni los chiles ni las especias se quemen.

2 Coloque los ingredientes tatemados en una olla y cúbralos con agua; póngala sobre el fuego y deje hervir la preparación hasta que los chiles estén suaves. Licúela hasta obtener una salsa homogénea y espesa y cuélela.

3 Derrita la manteca de cerdo en un sartén sobre el fuego; vierta la salsa y fríala hasta que tenga una

consistencia densa. Retire la olla del fuego, salpimiente la salsa al gusto y déjela enfriar.

**Chivo**

1 Coloque la paletilla de chivo en un refractario y frótela por ambos lados con sal de Colima al gusto y con las mitades de naranja agria. Báñela con la mitad del adobo jalisquillo y masajee la carne para que se impregnen bien los ingredientes. Añada al refractario los dientes de ajo y deje reposar el chivo en refrigeración durante 1 noche.

CONTINÚA EN LA PÁGINA 203

# Tamales de cabrito

GUILLERMO GONZÁLEZ BERISTÁIN

## INGREDIENTES

### Tamales

100 g de manteca de cerdo

1 kg de masa de maíz nixtamalizada

8 hojas de maíz para tamal

1 ½ tazas de carne de cabrito cocida y deshebrada

sal al gusto

### Puré de queso

180 g de queso de cabra

100 g de queso crema a temperatura ambiente

1 pizca de comino molido

1 cucharada de vinagre de escabeche de verduras

1 pizca de pimienta negra molida

### Adobo

1 cucharadita de aceite

4 chiles guajillo sin semillas ni venas

4 chiles de árbol sin semillas ni venas

1 raja de canela de 10 cm

2 tazas de jugo de naranja

½ cucharada de orégano seco

½ cucharada de comino molido

½ cucharada de pimienta negra molida

2 cucharadas de azúcar mascabado

½ manojo de cilantro

### Salsa borracha

400 g de chorizo

½ cucharadita de aceite

1 cebolla picada

6 jitomates guaje picados

2 chiles serranos picados

350 ml de cerveza

½ taza de caldo de cabrito

## PROCEDIMIENTO

### Tamales

1 Bata la manteca de cerdo durante 5 minutos o hasta que se esponje y se blanquee. Añada poco a poco la masa de maíz y continúe batiendo por 5 minutos más; agregue sal al gusto.

2 Remoje las hojas de maíz en agua caliente hasta que se suavicen y escúrralas.

3 Extienda la masa en el centro de cada una de las hojas de maíz y distribuya encima la carne de cabrito. Cierre la hoja doblando los costados hacia el centro de la misma, uno encima de otro. Compacte la masa en la mitad inferior de las hojas y doble las puntas de éstas por debajo de los tamales.

4 Cueza los tamales en una vaporera o a baño María durante 1 hora o hasta que la masa se desprenda fácilmente de la hoja. Retírelos del fuego y resérvelos dentro de la vaporera.

### Puré de queso

1 Mezcle todos los ingredientes hasta obtener una textura cremosa y homogénea. Reserve.

### Adobo

1 Ponga sobre el fuego una olla con el aceite; cuando se caliente, fría los chiles cuidando que no se quemen. Añada la raja de canela, el jugo de naranja, el orégano, el comino, la pimienta y el azúcar, y deje que la preparación hierva. Retírela del fuego y licuela con el cilantro hasta obtener un adobo terso y homogéneo. Rectifique la sazón y resérvelo.

CONTINÚA EN LA PÁGINA 203

# Cabrito en salsa

HUMBERTO VILLAREAL

## INGREDIENTES

1 cabrito pequeño troceado,
  sin cabeza ni asadura

5 dientes de ajo

½ cebolla

2 hojas de laurel

sal al gusto

### Salsa

3 kg de jitomates guaje

4 dientes de ajo pelados

4 cucharadas de orégano seco

2 cucharadas de cominos

6 pimientas gordas

1 taza de manteca de cerdo

½ cebolla fileteada

2 pimientos morrones verdes
  sin semillas ni venas, cortados
  en tiras

1 pimiento morrón rojo sin semillas
  ni venas, cortado en tiras

1 pimiento morrón amarillo sin
  semillas ni venas, cortado en tiras

sal al gusto

### Montaje

6 tostadas o cacalas de maíz

chiles toreados al gusto

## PROCEDIMIENTO

1 Ponga sobre el fuego una olla con los trozos de cabrito, los dientes de ajo, la cebolla y las hojas de laurel; agregue sal al gusto y cubra todos los ingredientes con suficiente agua. Deje cocer la carne durante 3 horas o hasta que esté suave. Cuele y reserve los trozos de cabrito y el caldo por separado.

### Salsa

1 Hierva los jitomates en suficiente agua hasta que estén suaves. Lícuelos con los dientes de ajo, el orégano, los cominos, las pimientas y sal al gusto hasta obtener una salsa homogénea y tersa.

2 Ponga sobre el fuego una olla con la manteca de cerdo; cuando se caliente, dore los trozos de cabrito por todos sus lados. Añada la cebolla fileteada y las tiras de pimiento, y cocínelos mezclándolos ocasionalmente durante 3 minutos. Vierta la salsa de jitomate y continúe la cocción durante 15 minutos más. Rectifique la sazón y retire del fuego.

### Montaje

1 Sirva los trozos de cabrito sobre las tostadas de maíz o las cacalas y báñelos con un poco de la salsa; acompañe con chiles toreados al gusto.

# Huaxmole de espinazo y cadera

LIZ GALICIA

## INGREDIENTES

1 espinazo de chivo troceado

1 cadera de chivo troceada

1½ cebollas troceadas

2 hojas de laurel

30 g de chiles costeños

200 g de chiles guajillo

30 g de chiles pasilla

4 dientes de ajo

½ cucharada de cominos

3 jitomates guaje

1 cucharada de aceite

200 g de guajes limpios, tostados y pelados

1 manojo de cilantro picado

sal al gusto

### Guarnición

¼ de cebolla picada

10 ramas de cilantro picadas

tortillas de maíz al gusto

jugo de limón al gusto

## PROCEDIMIENTO

1 Lave los trozos de espinazo y de cadera con abundante agua fría. Colóquelos en una olla exprés junto con los trozos de 1 cebolla y las hojas de laurel; añada sal al gusto y cubra los ingredientes con suficiente agua.

2 Ponga la olla sobre el fuego y deje que el agua hierva; retire la espuma de la superficie y cierre la olla. Continúe la cocción durante 10 minutos, contando el tiempo a partir de que la olla empiece a sonar. Retírela del fuego y déjela enfriar antes de abrirla. Reserve la carne con el caldo de cocción.

3 Cueza los chiles y la cebolla restante en agua hirviendo hasta que estén suaves. Escúrralos y lícuelos con los dientes de ajo, los cominos y los jitomates hasta obtener una salsa homogénea y tersa; si es necesario agregue un poco del agua de cocción de los chiles. Pase la salsa a través de un colador de malla fina y resérvela.

4 Ponga sobre el fuego una olla de barro grande con el aceite; cuando se caliente, vierta la salsa y cocínela mezclándola ocasionalmente.

5 Licue los guajes con un poco del caldo de cocción de la carne de chivo hasta obtener una mezcla homogénea. Incorpore este molido a la salsa con un batidor globo. Añada el resto del caldo de cocción, el cilantro picado, sal y pimienta al gusto. Continúe la cocción durante 40 minutos, mezclando ocasionalmente. Rectifique la sazón y retire el huaxmole del fuego.

6 Distribuya en platos hondos los trozos de espinazo y de cadera, báñelos con suficiente huaxmole y espolvoree la cebolla y el cilantro picados. Sirva y acompañe con tortillas de maíz y jugo de limón al gusto.

# Chivo tapeado

MARÍA ELENA VÁZQUEZ LUGO

## INGREDIENTES

200 g de chiles anchos sin semillas ni venas

200 g de chiles guajillo sin semillas ni venas

1 cebolla grande troceada

4 dientes de ajo

¼ de cucharada de cominos

1 raja de canela de 10 cm

1 cucharada de orégano seco

1 taza de vinagre blanco

1 chivo pequeño troceado, sin cabeza ni asadura

2 ℓ de agua

cantidad suficiente de masa de maíz

6 hojas de maíz

sal al gusto

frijoles de la olla, al gusto (opcional)

## PROCEDIMIENTO

1 Tueste en un comal los chiles, la cebolla, los dientes de ajo, los cominos, la raja de canela y el orégano; deberán estar tatemados pero no quemados. Lícuelos con el vinagre hasta obtener una pasta homogénea.

2 Unte los trozos de chivo con la pasta de chiles, masajeando la carne para que se impregne bien. Déjela reposar en refrigeración durante 24 horas.

3 Ponga sobre el fuego una olla de barro con el agua; cuando hierva, agregue los trozos de chivo junto con la marinada y añada sal al gusto. Coloque en todo el borde de la olla suficiente masa de maíz y presione la tapa de la olla contra la masa de maíz para sellar la cacerola herméticamente. Baje el fuego y deje cocer la carne durante 3 horas o hasta que esté suave.

4 Retire la masa del borde de la olla y destápela; saque los trozos de cabrito y deshuéselos.

5 Sirva el chivo tapeado sobre las hojas de maíz y acompáñelo, si lo desea, con frijoles de la olla.

# Sarape de cabrito

RICARDO MUÑOZ ZURITA

## INGREDIENTES

### Salsa de chile poblano

1 taza de caldo de pollo

5 chiles poblanos sin semillas ni venas, asados y pelados

125 g de espinacas blanqueadas

½ taza de hojas de cilantro fresco

1 cucharada de sal

1 cucharada de aceite de maíz

1 taza de crema para batir

### Guiso de cabrito

3 cucharadas de aceite de oliva

½ cebolla picada

2 dientes de ajo picados

6 jitomates pelados, sin semillas y picados en cubos pequeños

2 hojas de laurel

1 cucharada de chiles chipotles ahumados, picados

1 cucharada de sal

2 kg de riñonera y pierna de cabrito cocidas, deshuesadas y deshebradas

### Montaje

18 tortillas taqueras fritas en aceite

350 g de frijoles negros refritos

6 ramas de verdolagas

flores comestibles al gusto

## PROCEDIMIENTO

### Salsa de chile poblano

1 Licue el caldo de pollo con los chiles poblanos, las espinacas, las hojas de cilantro y la sal hasta obtener una salsa fina y tersa.

2 Ponga sobre el fuego una olla con el aceite; cuando se caliente, fría la salsa durante 2 minutos. Baje el fuego e incorpore la crema para batir con un batidor globo; cuando hierva la salsa retírela del fuego y resérvela.

### Guiso de cabrito

1 Ponga sobre el fuego un sartén con el aceite; cuando se caliente, saltee la cebolla y el ajo hasta que estén ligeramente dorados. Añada los jitomates picados, las hojas de laurel, el chile chipotle y la sal. Baje el fuego y deje cocer la preparación durante 20 minutos, moviéndola constantemente para evitar que se pegue.

2 Añada a la preparación la carne de cabrito deshebrada y continúe la cocción durante 5 minutos más. Retírela del fuego.

### Montaje

1 Unte 6 tortillas fritas con 1 cucharada de frijoles refritos cada una y distribúyales encima la mitad del guiso de cabrito; cúbralas con otras 6 tortillas y unte 1 cucharada de frijoles; distribuya el resto del guiso y termine de cubrir con el resto de las tortillas. Bañe las torres con la salsa de chile poblano y decórelas con las ramas de verdolagas y flores al gusto.

# Tatemado de cabrito

SERGIO REMOLINA

## INGREDIENTES

### Adobo

8 chiles anchos sin semillas
ni venas, tatemados

2 ½ cebollas tatemadas

5 dientes de ajo tatemados

100 g de piloncillo

4 tazas de pulque blanco

½ taza de tequila

½ taza de jarabe de agave

½ taza de vinagre de piña

1 cucharadita de comino molido

3 hojas de laurel

2 cucharadas de manteca de cerdo

sal al gusto

### Cabrito

½ cabrito pequeño sin asadura

3 pencas de maguey asadas

6 nopales

### Montaje

1 rábano cortado en rodajas

¼ de cebolla morada fileteada

1 aguacate hecho puré

1 chile serrano cortado en rodajas

brotes al gusto

### Guarnición (opcional)

frijoles de la olla al gusto

tortillas de maíz al gusto

cebollas curadas al gusto

salsa borracha al gusto (ver pág. 193)

## PROCEDIMIENTO

### Adobo

1 Muela los chiles en un molino de café hasta obtener un polvo fino. Lícuelo con las cebollas, los dientes de ajo, el piloncillo, el pulque, el tequila, el jarabe de agave, el vinagre de piña, el comino, el laurel y sal al gusto; deberá obtener una salsa homogénea y tersa.

2 Ponga sobre el fuego una olla con la manteca de cerdo; cuando se caliente, sofría la salsa durante 5 minutos. Retírela del fuego y déjela enfriar.

### Cabrito

1 Corte el cabrito en trozos medianos, colóquelos en un refractario y úntelos con el adobo; masajee la carne para impregnarlo bien. Déjelos reposar en refrigeración durante 2 horas.

2 Precaliente el horno a 180 °C.

3 Corte las puntas de las pencas de maguey de manera que pueda cubrir con la parte inferior de ellas el fondo de una olla de barro. Vierta suficiente agua hasta alcanzar el nivel de las pencas, pero sin cubrirlas. Distribuya sobre las pencas 3 nopales, acomode encima los trozos de cabrito y cúbralos con el resto de los nopales y las puntas de las pencas de maguey. Tape la olla con papel aluminio y hornee el cabrito durante 6 horas, agregando un poco de agua cada 30 minutos. Retire la olla del horno; deshuese los trozos de cabrito y filetee los nopales.

### Montaje

1 Sirva 1 trozo de carne con los nopales fileteados. Decore con los rábanos, la cebolla morada fileteada, el puré de aguacate, el chile serrano y los brotes. Acompañe, si lo desea, con la guarnición.

# Cabrito con fideo seco

## INGREDIENTES

- 1 cabrito pequeño troceado, sin cabeza ni asadura
- cantidad suficiente de aceite vegetal
- 750 g de fideos
- 6 dientes de ajo picados
- 2 cebollas picadas
- 3 ℓ de salsa de jitomate, espesa (*ver pág. 189*)
- 4 chiles guajillo sin semillas ni venas, tostados
- 4 chiles chipotles secos sin semillas ni venas, tostados
- 1 manojo de cilantro
- 1 manojo de hierbas de olor (mejorana, tomillo, laurel)
- chile serrano al gusto (opcional)
- sal y pimienta al gusto

## PROCEDIMIENTO

1 Ponga sobre el fuego una olla con los trozos de cabrito y cúbralos con suficiente agua; cuando hierva, baje el fuego y déjelos cocer durante 3 horas o hasta que la carne se desprenda fácilmente del hueso. Retire la olla del fuego y reserve la carne y el caldo por separado.

2 Caliente en un sartén sobre el fuego un poco de aceite, y fría los fideos moviéndolos constantemente hasta que se doren uniformemente. Retírelos del sartén y resérvelos sobre papel absorbente.

3 Vierta un poco más de aceite al sartén donde doró los fideos y sofría el ajo y la cebolla picados hasta que se doren ligeramente. Vierta la salsa de jitomate y, cuando hierva, agregue los chiles tostados. Salpimiente al gusto y retire el sartén del fuego.

4 Licue la preparación hasta obtener una salsa homogénea y tersa. Regrésela al sartén, caliéntela durante algunos minutos e incorpórele el caldo de cocción del cabrito; cuando hierva, añada los trozos de cabrito cocidos, el manojo de cilantro y las hierbas de olor. Baje el fuego al mínimo, incorpore los fideos a la salsa y continúe la cocción durante algunos minutos más.

5 Sirva los trozos de cabrito con los fideos y acompáñelos, si lo desea con un chile serrano.

# Tacos de sesos de cabrito capeados

## INGREDIENTES

- 4 cabezas de cabrito
- 3 dientes de ajo
- ½ cebolla troceada
- 2 hojas de laurel
- 2 chiles verdes sin semillas ni venas, cortados en tiras delgadas
- ½ taza de jícama cortada en cubos pequeños
- 1 taza de aceite de maíz
- 3 claras
- 3 yemas
- ¼ de taza de harina de trigo
- 8 tortillas de harina
- 8 hojas de lechuga
- 4 jitomates *cherry* cortados a la mitad
- sal y pimienta al gusto

## PROCEDIMIENTO

1 Frote las cabezas de cabrito con sal y pimenta al gusto. Colóquelas en una vaporera sobre el fuego junto con los dientes de ajo, la cebolla troceada y las hojas de laurel. Cueza las cabezas durante 6 horas o hasta que las mandíbulas se desprendan fácilmente del resto de la cabeza. Colóquelas en una tabla para picar y cúbralas con un trapo de cocina.

2 Tome una de las cabezas y, con la parte inferior de la palma de la mano, dele un golpe seco sobre la sien para separar los huesos del cráneo y exponer los sesos. Extraiga completamente la sesera y repita el procedimiento con el resto de las cabezas. Deje enfriar los sesos y córtelos por la mitad a lo largo para separar los lóbulos. Reserve los lóbulos y, si lo desea, utilice las cabezas en otras preparaciones.

3 Mezcle en un tazón los chiles verdes y la jícama; salpimiente y reserve.

4 Ponga una olla sobre el fuego con el aceite de maíz.

5 Bata las claras a punto de turrón y, después, incorpóreles de manera envolvente las yemas. Coloque la harina de trigo en un recipiente extendido y enharine los lóbulos. Sumérjalos, uno por uno, en el huevo batido hasta cubrirlos bien y fríalos en el aceite caliente hasta que se doren uniformemente por ambos lados. Sáquelos del aceite y déjelos escurrir sobre papel absorbente.

6 Caliente las tortillas de harina, colóqueles encima las hojas de lechuga y los sesos capeados. Decore los tacos con la mezcla de jícama y chiles y con los jitomates *cherry*. Sírvalos.

# Chilitos rellenos de cabrito en confit

## INGREDIENTES

¼ de cabrito cortado en trozos grandes, sin cabeza ni asadura

2 cucharadas de sal

8 tazas de manteca de cerdo

### Chiles

3 cucharadas de salsa de soya

3 cucharadas de salsa inglesa

3 cucharadas de agua + 4 tazas

300 g de azúcar

¼ de taza de café instantáneo

1 taza de vinagre de manzana

12 chiles güeros o chiles caribe

1½ cucharadas de aceite

### Guarnición

cebolla caramelizada al gusto

## PROCEDIMIENTO

1 Unte los trozos de cabrito por dentro y por fuera con la sal. Introdúzcalos en una bolsa resellable y déjelos reposar en refrigeración durante 24 horas.

2 Ponga sobre el fuego una olla grande con la manteca de cerdo y el aceite; cuando la manteca se derrita por completo y la preparación comience a humear, agregue los trozos de cabrito. Baje la intensidad del fuego y deje que se cuezan durante 5 horas; cuando sea necesario, ajuste la intensidad del fuego para mantener una temperatura estable de 90 °C durante toda la cocción.

3 Saque los trozos de cabrito de la olla y escúrrales el exceso de grasa; retíreles los huesos y pique la carne finamente. Resérvela.

### Chiles

1 Mezcle en un tazón la salsa de soya con la salsa inglesa y las 3 cucharadas de agua; reserve.

2 Ponga sobre el fuego una olla con el agua restante, el azúcar, el café instantáneo y el vinagre de manzana; cuando la preparación hierva, agregue los chiles y cuézalos durante algunos minutos, pero sin que pierdan su firmeza.

3 Escurra los chiles y ábralos haciéndoles una incisión vertical del pedúnculo a la punta; retíreles las venas y las semillas.

4 Caliente una plancha, o ponga sobre el fuego un sartén, con el aceite. Dore los chiles por todos sus lados bañándolos constantemente con la mezcla de soya hasta que tengan un color uniforme.

5 Rellene los chiles con la carne de cabrito y sírvalos con cebolla caramelizada al gusto.

# Buñuelos de cabrito con salsa tatemada

## INGREDIENTES

### Salsa tatemada

15 chiles chipotle secos

½ taza de aceite

2 dientes de ajo troceados

½ cebolla troceada

1 cucharada de chiles chipotles en adobo

½ taza de vinagre de manzana

¾ de taza de jarabe de agave

3 cucharadas de agua

### Buñuelos

40 discos de pasta *wonton*, de 5 cm de diámetro

cantidad suficiente de harina de trigo

2 huevos batidos ligeramente

600 g de *confit* de cabrito (*ver pág. 183*)

4 tazas de aceite

sal y pimienta al gusto

## PROCEDIMIENTO

### Salsa tatemada

1 Precaliente el horno a 190 °C.

2 Coloque los chiles chipotle secos sobre una charola para hornear y hornéelos, girándolos ocasionalmente, durante algunos minutos o hasta que se ennegrezcan, pero sin quemarse.

3 Ponga sobre el fuego un sartén con el aceite; cuando se caliente, fría el ajo y la cebolla troceados hasta que se doren uniformemente. Retírelos del fuego, déjelos enfriar y lícuelos con los chiles chipotles en adobo, el vinagre de manzana, el jarabe de agave, el agua y los chiles chipotle tostados hasta obtener una salsa homogénea, tersa y espesa. Resérvela.

### Buñuelos

1 Coloque la mitad de los discos de pasta *wonton* sobre una superficie de trabajo ligeramente enharinada. Barnice las orillas de los discos con un poco del huevo batido y coloque al centro de cada uno 1 cucharada de *confit* de cabrito; salpimiente. Cúbralos con los discos de pasta restantes y presione toda la orilla para sellarlos.

2 Ponga sobre el fuego una cacerola con el aceite; cuando se caliente, fría los *wontons* en tandas hasta que se doren uniformemente por ambos lados. Escúrrales el exceso de aceite colocándolos sobre papel absorbente.

3 Sirva los buñuelos acompañados con la salsa tatemada.

*Puede darle la forma que desee a los buñuelos; por ejemplo, puede doblar los discos de pasta sobre sí mismos para obtener medias lunas, o bien, puede utilizar láminas de pasta cuadradas y darles forma de triángulo.*

# Tamales de cabrito con salsa de chile de árbol

En la década de los años noventa, durante una feria de Saltillo, los restauranteros socios de la CANIRAC y la dirección de Turismo del estado nos organizamos para preparar el tamal más grande del mundo; medía 50 metros de largo y, por supuesto, estaba relleno de cabrito. En aquella ocasión sí "hicimos de chivo los tamales".

## INGREDIENTES

- 1 chile ancho sin semillas ni venas
- 1 chile pasilla sin semillas ni venas
- 1 chile guajillo sin semillas ni venas
- 1 cebolla troceada
- 2 jitomates troceados
- 5 dientes de ajo
- 1 cucharadita de aceite
- 500 g de *confit* de cabrito (*ver pág. 183*)
- 15 cuadros de 30 cm de hoja de plátano
- 250 g de manteca de cerdo
- 1 kg de masa de maíz nixtamalizada
- 1 receta de salsa de chile árbol (*ver pág. 181*)
- sal y pimienta al gusto

## PROCEDIMIENTO

1 Sumerja los chiles en un tazón con suficiente agua caliente y déjelos reposar durante 15 minutos. Escúrralos y licúelos con la cebolla, los jitomates y los dientes de ajo hasta obtener una salsa homogénea; si es necesario, añada un poco de agua.

2 Ponga sobre el fuego un sartén con el aceite; cuando se caliente, vierta la salsa y déjela hervir. Reduzca el fuego, salpimiente la salsa al gusto y añada el *confit* de cabrito; continúe la cocción mezclando ocasionalmente hasta que la preparación tenga una consistencia espesa y un poco seca. Reserve.

3 Ase los cuadros de hoja de plátano pasándolos rápidamente sobre fuego directo por ambos lados y resérvelos.

4 Bata la manteca de cerdo durante 5 minutos hasta que se blanquee y se esponje; agregue poco a poco la masa de maíz y continúe batiendo hasta incorporarla. Añada sal gusto.

5 Extienda 3 cucharadas de masa en el centro de uno de los cuadros de hoja de plátano y distribuya sobre la masa 2 cucharadas del relleno de *confit* de cabrito. Cierre el tamal doblando la orilla inferior de la hoja sobre sí misma hasta cubrir la masa; después, doble de la misma manera la orilla superior colocándola sobre el primer doblez y, finalmente, doble los costados por debajo del tamal. Repita este procedimiento con el resto de las hojas, de la masa y del relleno.

6 Coloque los tamales en una vaporera con suficiente agua y cuézalos durante 1 ½ horas o hasta que la masa se desprenda fácilmente de la hoja. Retírelos del fuego y déjelos reposar durante 20 minutos dentro de la vaporera.

7 Retire la hoja de plátano de los tamales, sírvalos y báñelos con la salsa de chile de árbol.

*Puede sustituir la salsa de chile de árbol con mole o la salsa de su preferencia.*

# Palomas de cabrito

En mi tierra, Saltillo, se le llaman "palomas" a los tacos hechos con tortilla de harina. En las décadas de los sesenta y setenta se elaboraban con carne de ternera. En el 2014 decidí incluir las palomas de cabrito en el menú de temporada de Don Artemio, como homenaje a aquellas míticas "palomas".

## INGREDIENTES

### Salsa de chile de árbol
1 cucharada de aceite
8 chiles de árbol secos
8 tomates
¼ de cebolla
2 dientes de ajo
sal y pimienta al gusto

### Ensalada de col
½ de taza de col blanca fileteada
½ de taza de col morada fileteada
½ jitomate cortado en cubos pequeños
2 cucharadas de aceite de oliva
1 cucharada de jugo de limón
sal y pimienta al gusto

### Palomas
1½ tazas de *confit* de cabrito (*ver pág. 183*)
6 tortillas de harina
1 aguacate cortado en rebanadas (opcional)

## PROCEDIMIENTO

### Salsa de chile de árbol
1 Ponga sobre el fuego un sartén con el aceite; cuando se caliente, fría los chiles de árbol hasta que se doren. Lícuelos con los tomates, la cebolla y los dientes de ajo hasta obtener una salsa homogénea. Salpimiéntela al gusto.

### Ensalada de col
1 Mezcle en un tazón todos los ingredientes y reserve la ensalada en refrigeración.

### Palomas
1 Vierta la salsa de chile de árbol en un sartén sobre el fuego y añada el *confit* de cabrito; mezcle y cueza durante 8 minutos o hasta que el líquido se haya reducido y la preparación tenga una apariencia seca.

2 Caliente las tortillas de harina y rellénelas con el *confit* de cabrito en salsa. Colóquelas sobre un comal y deje que se tuesten ligeramente por ambos lados

3 Sirva las palomas acompañadas de la ensalada de col y rebanadas de aguacate al gusto, o bien, con la salsa de mesa de su preferencia.

# Confit de cabrito

## INGREDIENTES

- 1 cabrito mediano troceado, sin cabeza ni asadura
- ½ taza de sal
- 6 kg de manteca de cerdo
- 6 ℓ de aceite

## PROCEDIMIENTO

1 Unte los trozos de cabrito por dentro y por fuera con la sal. Introdúzcalos en una bolsa resellable y déjelos reposar en refrigeración durante 1 noche.

2 Ponga sobre el fuego una olla grande con la manteca de cerdo y el aceite; cuando la manteca se derrita por completo y la preparación comience a humear, agregue los trozos de cabrito. Reduzca la intensidad del fuego y déjelos cocer durante 5 horas; cuando sea necesario, ajuste la intensidad del fuego para mantener una temperatura entre 88 y 93 °C durante toda la cocción.

3 Saque los trozos de cabrito de la olla, escúrrales el exceso de grasa y déjelos enfriar.

4 Retire los huesos a los trozos de cabrito y deséchelos. Corte la carne en trozos medianos. Sírvala acompañada con la guarnición de su preferencia, o bien, resérvela en refrigeración para usarla en otras preparaciones.

# Torta de cabrito

La primera vez que presenté esta receta fue en el Museo del Noreste durante un simposio gastronómico al que me invitó la CANIRAC de Nuevo León. Impartí una conferencia acerca del cabrito y sus diferentes posibilidades en la cocina y, para ilustrar el tema, preparé esta torta inspirado en las pláticas de mi papá sobre los lonches y los tacos de cabrito que se vendían en los alrededores de la calzada Madero cuando él era joven.

## INGREDIENTES

- ½ taza de chorizo español picado finamente
- 2 cucharadas de cebolla picada
- ½ diente de ajo picado
- ½ pimiento morrón rojo sin semillas ni venas, picado
- ¾ de taza de *confit* de cabrito (*ver pág. 183*)
- 3 cucharadas de salsa de jitomate (*ver pág. 189*)
- 1 *focaccia* o 2 panes para torta
- 1 cucharada de mayonesa de chipotle
- 1 cucharadita de mantequilla
- 2 cucharadas de queso manchego curado, rallado
- 2 cucharadas de cebollas encurtidas (*ver pág. 123*)

## PROCEDIMIENTO

1 Ponga sobre el fuego un sartén; cuando se caliente, añada el chorizo y caliéntelo mezclándolo constantemente hasta que suelte la mayor cantidad de grasa posible. Retírelo con una espumadera y déjelo escurrir sobre papel absorbente.

2 Retire el exceso de grasa del sartén y añádale nuevamente el chorizo junto con la cebolla y el ajo picados; dórelos ligeramente e incorpore el pimiento picado y el *confit* de cabrito. Continúe la cocción, mezclando ocasionalmente, durante 5 minutos y vierta la salsa de jitomate; cuando hierva, retire del fuego y reserve la preparación caliente.

3 Corte la *focaccia* o los panes por la mitad a lo ancho y unte las mitades por uno de sus lados con mayonesa de chipotle. Derrita la mantequilla en un sartén o comal y dore el pan por el lado con mayonesa.

4 Distribuya el relleno de *confit* de cabrito en la o las bases de pan, espolvoree encima el queso rallado y cubra con el pan restante. Sirva la torta acompañada con las cebollas encurtidas.

# Strudel de cabrito

## INGREDIENTES

### Salsa molcajeteada

12 tomates

4 chiles jalapeños

¼ de cebolla

3 dientes de ajo

sal y pimienta al gusto

### Strudel

4 cucharadas de aceite

3 tazas de *confit* de cabrito (*ver pág. 183*)

4 láminas de pasta filo

sal y pimienta al gusto

### Guarnición

½ taza de germinado de alfalfa

8 hojas de espinaca *baby*

2 jitomates *cherry* cortados en gajos

## PROCEDIMIENTO

### Salsa molcajeteada

1 Ase los tomates en un comal sobre el fuego hasta que se ennegrezcan por completo. Tueste en el mismo comal los chiles jalapeños, la cebolla y los dientes de ajo.

2 Licue todos los ingredientes hasta obtener una salsa espesa y homogénea. Salpimiéntela al gusto y resérvela.

### Strudel

1 Precaliente el horno a 180 °C. Cubra una charola para hornear con papel siliconado.

2 Ponga sobre el fuego un sartén con 2 cucharadas de aceite; cuando se caliente, añada el *confit* de cabrito y 8 cucharadas de salsa molcajeteada. Mezcle y cueza la preparación durante 5 minutos; retírela del fuego y resérvela.

3 Extienda sobre una superficie plana las láminas de pasta filo y barnícelas con un poco del aceite restante. Distribuya el relleno de *confit* de cabrito en una de las orillas cortas de cada lámina y enróllelas sobre sí mismas; barnícelas con el resto del aceite.

4 Coloque los strudel en la charola y hornéelos durante 15 minutos o hasta que se doren uniformemente. Sírvalos con la salsa molcajeteada restante y acompáñelos con la guarnición.

# Chile relleno de cabrito

## INGREDIENTES

### Salsa de jitomate

3 jitomates maduros

1 chile serrano (opcional)

1 diente de ajo

⅛ de cebolla

1 cucharada de aceite

sal al gusto

### Chiles rellenos

4 chiles poblanos grandes

4 cucharadas de aceite

¼ de cebolla picada finamente

2 dientes de ajo picados finamente

1 taza de champiñones rebanados

1 papa pelada y cortada en cubos pequeños

3 tazas de *confit* de cabrito (*ver pág. 183*)

¼ de taza de vino blanco

## PROCEDIMIENTO

### Salsa de jitomate

1 Cueza en una olla con suficiente agua hirviendo los jitomates, el chile, el diente de ajo y la cebolla. Licue los ingredientes con un poco del agua de cocción hasta obtener una salsa homogénea y cuélela.

2 Ponga sobre el fuego un sartén con el aceite; cuando se caliente, sofría la salsa durante 5 minutos o hasta que espese ligeramente. Salpimiéntela al gusto y resérvela caliente.

### Chiles rellenos

1 Ase los chiles poblanos sobre fuego directo hasta que se ennegrezcan. Introdúzcalos en una bolsa, déjelos reposar durante 10 minutos y pélelos. Hágales una incisión vertical del pedúnculo a la punta para abrirlos; retíreles las venas y las semillas. Resérvelos.

2 Ponga sobre fuego medio un sartén con 2 cucharadas de aceite; cuando se caliente, sofría la cebolla y el ajo picados hasta que se doren ligeramente. Agregue los champiñones y los cubos de papa y cuézalos entre 8 y 10 minutos o hasta que la papa esté suave. Añada el *confit* de cabrito y continúe la cocción, mezclando ocasionalmente, durante 5 minutos más. Vierta el vino blanco y déjelo evaporar por completo. Retire la preparación del fuego.

3 Distribuya el relleno de cabrito dentro de los chiles poblanos. Sirva los chiles sobre una cama de salsa de jitomate.

### Variante

*Si lo desea, cubra los chiles con hojaldre. Para ello, extienda con un rodillo 320 gramos de pasta hojaldre y córtela en rectángulos de 15 × 18 centímetros. Coloque sobre cada rectángulo 1 chile relleno y envuélvalos dejando el cierre en la parte inferior. Barnícelos con 1 huevo batido y hornéelos a 180 °C durante 20 minutos o hasta que estén dorados.*

# Tostadas de salpicón de cabrito

## INGREDIENTES

### Salsa Bangkok

1 taza de agua

4 cucharadas de azúcar

2 cucharadas de salsa de soya

4 cucharadas de salsa de ostión

6 chiles de árbol

1 cucharada de jengibre fresco picado

2 ramas de cilantro

1 bolsa de té de limón

2 cucharadas de vinagre de arroz

3 cucharadas de jugo de limón

½ cucharada de ralladura de limón

1 cucharada de jugo de jengibre

1 cucharadita de semillas de cilantro, quebradas

### Salpicón de cabrito

1 jitomate + 1 cortado en tiras

½ diente de ajo

⅛ de cebolla + ¼ picada

4 cucharadas de aceite

1½ tazas de confit de cabrito (ver pág. 183)

⅓ de taza de cerveza oscura

sal y pimienta al gusto

### Montaje

1 cebolla morada cortada en rodajas

el jugo de 2 limones

4 tostadas de maíz

chutney de aguacate al gusto (opcional) (ver pág. 197)

## PROCEDIMIENTO

### Salsa Bangkok

1 Coloque sobre fuego bajo un sartén con el agua, el azúcar, la salsa de soya, la salsa de ostión, los chiles de árbol, el jengibre picado, las ramas de cilantro, la bolsa de té de limón y el vinagre de arroz; cuando la preparación hierva, retírela del fuego y déjela enfriar durante 30 minutos.

2 Añada a la preparación el resto de los ingredientes. Déjela reposar durante 30 minutos más, cuélela y resérvela.

### Salpicón de cabrito

1 Licue el jitomate entero con el ½ diente de ajo y ⅛ de cebolla hasta obtener una salsa homogénea; salpimiéntela al gusto, cuélela y resérvela.

2 Ponga sobre el fuego un sartén con el aceite; cuando se caliente, sofría la cebolla picada hasta que se dore ligeramente. Añada las tiras de jitomate y el confit de cabrito y cuézalo, mezclándolo ocasionalmente, durante un par de minutos.

3 Vierta la salsa de jitomate, mezcle hasta que se oscurezca y añada la cerveza y ¼ de taza de salsa Bangkok; baje el fuego al mínimo y deje cocer la preparación durante un par de minutos. Retírela del fuego.

### Montaje

1 Coloque la cebolla morada y el jugo de limón en un tazón y déjelos reposar durante 15 minutos.

2 Sirva el salpicón de cabrito sobre las tostadas y acompañe con la cebolla y, si lo desea, con chutney de aguacate.

# Canelones de cabrito en salsa borracha

Esta receta fue desarrollada por el primer equipo de cocina del restaurante Don Artemio y formó parte del primer menú en 2007. Me gusta porque queda de manifiesto la versatilidad que se le puede dar al cabrito. A finales de los años noventa el chef Faustino me enseñó que las botanas típicas de una tiendita, como los cacahuates japoneses, las papas fritas o los chicharrones de cerdo, se pueden utilizar también en la alta cocina, algo muy innovador para la época.

## INGREDIENTES

### Salsa borracha

4 jitomates guaje maduros, cortados en gajos

½ cebolla mediana cortada en rodajas

2 dientes de ajo picados

2 chiles pasilla sin semillas ni venas, hidratados en agua caliente

½ taza de pulque blanco

2 cucharadas de aceite

1 cucharada de vinagre de piña

sal y pimienta al gusto

### Canelones

6 láminas para lasaña

1 cucharada de manteca de cerdo

2 cucharadas de cebolla picada

2 dientes de ajo picados

9 champiñones medianos, picados

1 chile poblano sin semillas ni venas, asado, pelado y cortado en rajas

300 g de *confit* de cabrito (*ver pág. 183*)

¼ taza de fondo o caldo de pollo

sal y pimienta al gusto

### Requesón

1 cucharada de aceite

1 cucharada de cebolla picada

2 dientes de ajo picados

1 cucharadita de cilantro picado (opcional)

1 cucharadita de epazote picado (opcional)

100 g de requesón

50 g de cacahuates estilo japonés troceados

## PROCEDIMIENTO

### Salsa borracha

1 Licue los tomates con la cebolla, los dientes de ajo, los chiles pasilla y el pulque hasta obtener una salsa homogénea y espesa.

2 Ponga sobre el fuego una olla con el aceite; cuando se caliente, fría la salsa, durante 5 minutos. Baje el fuego al mínimo y continúe la cocción durante 30 minutos mezclando ocasionalmente. Incorpore el vinagre de piña a la salsa y continúe la cocción

durante un par de minutos más. Retírela del fuego, salpiméntela al gusto y resérvela caliente.

### Canelones

1 Ponga sobre fuego medio un sartén con la manteca de cerdo; cuando se caliente, sofría la cebolla hasta que se suavice y esté translúcida. Reduzca el fuego, agregue el ajo picado y mézclelo. Añada los champiñones picados, las rajas de chile poblano, el *confit* de cabrito y el fondo o caldo de pollo; suba

CONTINÚA EN LA PÁGINA 203

# Ensalada de lenguas de cabrito

## INGREDIENTES

### Lengua

8 cabezas de cabrito

3 dientes de ajo

1 cebolla troceada

2 hojas de laurel

sal y pimienta al gusto

### Vinagreta de chiles secos

1 chile pasilla sin semillas ni venas y tostado

1 chile ancho sin semillas ni venas y tostado

1 chile guajillo sin semillas ni venas y tostado

1 taza de aceite de maíz

2 cucharadas de vinagre de piña

2 cucharadas de miel de abeja

1 cucharada semillas de mostaza

### Ensalada

¼ de cebolla morada fileteada

el jugo de 1 limón

la pulpa de 1 aguacate cortada en cubos

1 cucharada de aceite de oliva + ½ taza

4 cucharadas de vinagre de piña

2 tazas de hojas de lechuga troceadas

2 tazas de hojas de arúgula

2 tazas de espinacas baby

1½ tazas de jitomates cherry partidos por la mitad

sal y pimienta al gusto

## PROCEDIMIENTO

### Lengua

1 Frote las cabezas de cabrito con sal y pimienta. Colóquelas en una vaporera sobre el fuego junto con los dientes de ajo, la cebolla troceada y las hojas de laurel. Cueza las cabezas durante 8 horas o hasta que estén suaves.

2 Extraiga la lengua de cada cabeza, retíreles la piel y córtelas en láminas delgadas. Reserve las lenguas y, si lo desea, utilice las cabezas en otras preparaciones.

### Vinagreta de chiles secos

1 Licue todos los ingredientes hasta obtener una preparación homogénea y sazónela al gusto.

### Ensalada

1 Mezcle en un tazón la cebolla morada con el jugo de limón y 1 pizca de sal; déjela reposar durante 30 minutos. Escúrrala y resérvela

2 Mezcle los cubos de aguacate con 1 cucharada de aceite de oliva y resérvelos.

3 Mezcle el aceite de oliva restante con el vinagre de piña, sal y pimienta al gusto.

4 Combine en una ensaladera las hojas de lechuga, de arúgula y de espinaca; después, incorpore los jitomates cherry, la cebolla morada curada y los cubos de aguacate. Aderece los ingredientes con la mezcla de aceite y vinagre y reserve.

5 Sirva la ensalada en platos individuales. Distribuya encima las láminas de lengua y aderece con la vinagreta de chiles secos.

# Escabeche de cabrito sobre pan de elote con chutney de aguacate

## INGREDIENTES

### Pan de elote

500 g de granos de elote

640 g de leche condensada

400 g de leche evaporada

160 g de mantequilla

2 cucharaditas de polvo para hornear

1 cucharadita de extracto de vainilla

5 huevos

### Chutney de aguacate

la pulpa de ½ aguacate cortada en cubos pequeños

¼ de taza de tomatillo picado

¼ de taza de pepino picado finamente

4 cucharadas de cebolla morada picada

1 cucharadita de chile serrano sin semillas ni venas, picado

1 cucharada de cilantro picado

¼ de taza de aceite de oliva

el jugo de ½ limón

sal y pimienta al gusto

### Escabeche de cabrito

1 pierna de cabrito cruda

2 dientes de ajo + 1 cucharadita picado

¼ de cebolla troceada + ¼ fileteada

1 cucharadita de sal de grano

3 cucharadas de aceite

1 jitomate sin piel ni semillas, cortado en tiras

4 cucharadas de vinagre de arroz

1 cucharada de alcaparras

1 cucharada de jarabe de agave

pimienta negra al gusto

orégano seco al gusto

### Terminado y montaje

¼ de cebolla morada fileteada

2 cucharadas de jugo de limón

1 pizca de sal

1 chile serrano cortado en rodajas delgadas

## PROCEDIMIENTO

### Pan de elote

1 Precaliente el horno a 200 °C. Engrase y enharine un molde para pastel cuadrado de 25 centímetros por lado.

2 Licue todos los ingredientes hasta obtener una mezcla homogénea y viértala en el molde.

3 Hornee el pan durante 1 hora o hasta que al introducirle un palillo en el centro, éste salga limpio. Retírelo del horno y déjelo enfriar sobre una rejilla a temperatura ambiente.

### Chutney de aguacate

1 Mezcle todos los ingredientes en un tazón; rectifique la sazón y reserve en refrigeración.

### Escabeche de cabrito

1 Coloque en una olla que tenga tapa la pierna de cabrito con los 2 dientes de ajo, la cebolla troceada, la sal de grano, pimienta y orégano al gusto; cubra todos los ingredientes con suficiente agua.

CONTINÚA EN LA PÁGINA 203

# Flautas de cabrito con aguacate

En 1992, cuando estaba a cargo de El Mesón Principal, realicé este platillo con la intención de aprovechar todas las partes del cabrito y reducir las mermas del restaurante.

## INGREDIENTES

### Ensalada de col blanca

2 tazas de col blanca fileteada

½ taza de jitomate cortado en tiras

¼ de taza de jugo de limón

2 cucharadas de aceite de oliva

sal y pimienta al gusto

### Flautas

2 piernas de cabrito cocidas, sin hueso

2 cucharadas de aceite + cantidad suficiente

2 cucharadas de cebolla picada

2 cucharadas de jitomate picado

1 cucharada de chile serrano picado

la pulpa de 1 aguacate machacada

24 tortillas de maíz para flauta

rebanadas de aguacate al gusto

salsa de mesa picante, al gusto

## PROCEDIMIENTO

### Ensalada de col blanca

1 Mezcle en un tazón la col fileteada con las tiras de jitomate, el jugo de limón y el aceite de oliva; salpimiente la ensalada al gusto y resérvela en refrigeración.

### Flautas

1 Corte la carne de cabrito en cubos pequeños y salpimiéntelos al gusto.

2 Ponga sobre el fuego un sartén con 2 cucharadas de aceite; cuando se caliente, sofría la cebolla, el jitomate y el chile serrano hasta que se doren ligeramente. Incorpore la pulpa del aguacate y los cubos de carne de cabrito; baje el fuego y deje que la preparación se cueza, mezclándola ocasionalmente, durante un par de minutos. Rectifique la sazón y retire del fuego.

3 Ponga sobre el fuego un sartén con suficiente aceite para freír.

4 Caliente las tortillas, distribuya en ellas la preparación de cabrito y enróllelas sobre sí mismas; atraviese las flautas con 2 palillos de madera para evitar que se abran al momento de freírlas.

5 Rectifique que el aceite esté bien caliente y fría en tandas las flautas hasta que se doren uniformemente. Sáquelas del aceite con unas pinzas y déjelas escurrir sobre papel absorbente mientras fríe el resto.

6 Sirva las flautas acompañadas con la ensalada de col blanca, rebanadas de aguacate y la salsa de su elección.

# Cabrito en amarillo

## INGREDIENTES

1 cabrito pequeño troceado,
   sin cabeza ni asadura

2 ramas de tomillo frescas

2 ramas de mejorana frescas

2 hojas de laurel

1 pizca de cominos

¼ de taza de aceite

½ kg de papas peladas, cortadas
   en cubos pequeños

1 kg de zanahorias peladas, cortadas
   en cubos

1 g de azafrán ligeramente tostado

2 tazas de chícharos precocidos

175 g de aceitunas verdes sin
   semilla, drenadas

⅓ de taza de chiles en vinagre
   o güeros

sal y pimienta

## PROCEDIMIENTO

1 Coloque en una olla los trozos de cabrito con las hierbas de olor y el comino; cubra todos los ingredientes con suficiente agua. Tape la olla, póngala sobre fuego bajo y deje cocer la carne durante 3 horas o hasta que esté suave. Retire la olla del fuego y reserve los trozos de cabrito y el caldo de cocción por separado.

2 Ponga sobre el fuego un sartén con 1 cucharada de aceite; cuando se caliente, saltee los cubos de papa y de zanahoria hasta que estén suaves. Resérvelos.

3 Ponga sobre el fuego una olla con el resto del aceite; cuando se caliente, dore los trozos de cabrito por todos sus lados. Añada los cubos de papa y zanahoria cocidos, el caldo de la cocción que reservó y el azafrán; deje hervir la preparación y añada el resto de los ingredientes. Rectifique la sazón y sirva.

# Cabrito braseado

## INGREDIENTES

- ½ taza de harina de trigo
- 1 cabrito pequeño cortado en trozos medianos, sin cabeza ni asadura
- 6 cucharadas de aceite de maíz
- 2 cucharadas de mantequilla
- 2 tazas de cebolla picada
- 1 cucharada de ajo picado
- 1 taza de pimiento morrón verde sin semillas ni venas, picado
- 1 taza de champiñones cortados en láminas
- 2 tazas de jitomate picado
- ¾ de taza de vino tinto
- 3 tazas de caldo de res
- sal y pimienta al gusto

## PROCEDIMIENTO

1 Mezcle la harina de trigo con sal y pimienta al gusto y enharine los trozos de cabrito con esta mezcla.

2 Precaliente el horno a 120 °C.

3 Ponga sobre el fuego una olla que tenga tapa y que pueda introducir al horno y vierta en ella el aceite de maíz; cuando se caliente, dore los trozos de cabrito por todos su lados. Sáquelos con unas pinzas y déjelos escurrir sobre papel absorbente.

4 Agregue a la olla la mantequilla y, cuando se derrita, sofría la cebolla, el ajo y el pimiento durante algunos minutos hasta que estén suaves. Añada los champiñones y el jitomate y continúe la cocción hasta que se doren ligeramente. Vierta el vino tinto y déjelo hervir raspando ocasionalmente el fondo del refractario para desprender los sedimentos.

5 Retire la olla del fuego, añada los trozos de cabrito y el caldo de res. Tape la olla y hornee la preparación durante 2 ½ horas o hasta que la carne esté suave.

6 Sirva los trozos de cabrito bañados con la salsa y las verduras de cocción.

# CONTINUACIÓN DE RECETAS

### MOLE DE CADERAS MIXTECO

3 Ponga sobre el fuego una olla con la manteca de cerdo; cuando se caliente, fría la salsa durante 5 minutos. Agregue el caldo de cocción restante y las hojas de aguacate y de orégano; mezcle bien y, finalmente, incorpore la masa de maíz diluida en agua. Continúe la cocción, mezclando constantemente, entre 10 y 15 minutos o hasta que el mole tenga una consistencia espesa. Añádale sal al gusto y retírelo del fuego.

#### Guarnición y terminado

1 Ponga sobre el fuego un sartén con el aceite; cuando se caliente, sofría la cebolla y el ajo picados hasta que se doren ligeramente. Agregue los ejotes y las calabacitas y saltéelos durante algunos minutos hasta que se doren. Salpimiente al gusto y reserve.
2 Precaliente el horno a 200 °C.
3 Saque el cabrito prensado del refrigerador y desmóldelo; córtelo en 12 cubos, colóquelos en una charola para hornear y hornéelos durante algunos minutos para calentarlos. Sírvalos sobre una cama de mole y acompáñelos con la guarnición; decore con las ramas de chepiche.

### CHIVO ESTILO JALISCO

2 Coloque en una cacerola grande todas las verduras, póngales encima una rejilla y agregue suficiente agua hasta el nivel de la rejilla. Cubra la rejilla con una capa de paja, ponga encima la paletilla y cúbrala con más paja.
3 Coloque en todo el borde de la cacerola suficiente masa de maíz y presione la tapa de la cacerola contra la masa de maíz para sellar la cacerola herméticamente. Hornee la paletilla a 160 °C durante 4 ½ horas.
4 Retire la masa del borde de la cacerola, destápela y saque la paletilla. Retírele el hueso y córtela en 4 trozos; barnice cada porción con más adobo y rectifique la sazón. Reserve el líquido de cocción, los huesos y las verduras.

#### Caldo

1 Ponga sobre el fuego bajo una olla con el líquido de cocción del chivo, los huesos y la cabeza de chivo, los olotes, las hojas de elote, los nopales y la paja; deje cocer la preparación durante 2 horas, añadiendo un poco de caldo de verduras en caso de que la preparación se seque demasiado.
2 Pase la preparación a través de un colador de malla fina cubierto con manta de cielo. Rectifique la sazón y añada el jugo de limón.

#### Terminado y montaje

1 Caliente un poco de aceite en un sartén y fría los trozos de chivo por el lado de la piel hasta que se doren.
2 Mezcle el jugo de limón con el aceite de oliva, sal y pimienta al gusto.
3 Distribuya al centro de 4 platos las verduras de cocción que reservó y coloque encima los trozos de chivo. Distribuya alrededor las hojas de coles de Bruselas, los nopales y las hierbas de temporada; báñelas con la vinagreta de limón y decore con el chile serrano picado. En la mesa, vierta encima un poco del caldo caliente y acompañe con tortillas de maíz calientes.

### TAMALES DE CABRITO

#### Salsa borracha

1 Ponga sobre el fuego un sartén grande y, cuando se caliente, añada el chorizo; deje que suelte la mayor cantidad de grasa. Retírelo del sartén y déjelo reposar sobre papel absorbente.
2 Añada al mismo sartén el aceite; cuando se caliente, saltee la cebolla, los jitomates y los chiles picados hasta que se suavicen. Agregue el chorizo, la cerveza y el caldo de cabrito y continúe la cocción durante un par de minutos.

#### Montaje

1 Retire la hoja de maíz de los tamales y sírvalos en un plato acompañados de 1 cucharada de puré de queso, el adobo y la salsa borracha. Si lo desea, decore con cebollas en escabeche.

### CANELONES DE CABRITO

nuevamente la intensidad del fuego y cueza moviendo constantemente hasta que el líquido se haya evaporado casi por completo y que la preparación tenga una apariencia seca. Retírela del fuego y salpimiéntela al gusto.
2 Hierva suficiente agua en una olla, agréguele un poco de sal y cueza las láminas de pasta al dente. Escúrralas y refrésquelas en agua fría.
3 Distribuya la preparación de cabrito sobre las láminas de pasta y enróllelas sobre sí mismas para formar los canelones.

#### Requesón

1 Ponga sobre el fuego un sartén con el aceite; cuando se caliente, sofría la cebolla hasta que esté suave. Agregue el resto de los ingredientes y cueza durante 5 minutos. Retire la preparación del fuego y extiéndala sobre una charola para enfriarla.

#### Montaje

1 Sirva 3 canelones por plato, báñelos con la salsa borracha caliente y decórelos con el requesón.

### ESCABECHE DE CABRITO SOBRE PAN DE ELOTE CON CHUTNEY DE AGUACATE

2 Ponga la olla sobre fuego bajo, tápela y cueza la pierna durante 3 horas o hasta que esté suave. Sáquela de la olla y resérvela. Hierva el caldo de cocción hasta que reduzca a la mitad y resérvelo.
3 Deshuese la pierna y corte la carne en tiras de 4 centímetros de largo; resérvela.
4 Ponga sobre el fuego un sartén con el aceite; cuando se caliente, sofría la cebolla y el ajo picados hasta que se doren ligeramente. Añada las tiras de pierna de cabrito y saltéelas durante 2 minutos. Agregue el jitomate y continúe la cocción hasta que la preparación se dore ligeramente. Vierta 4 cucharadas del caldo de cocción reducido e incorpore el resto de los ingredientes. Retire del fuego y rectifique la sazón.

#### Terminado y montaje

1 Mezcle la cebolla morada con el jugo de limón y la sal, y déjala reposar durante 30 minutos; cuélala y resérvela.
2 Desmolde el pan de elote y córtelo en 8 porciones rectangulares. Colóquelas sobre los platos y distribuya encima el *chutney* de aguacate y el escabeche de cabrito. Decore con la cebolla morada encurtida y las rodajas de chile serrano.

# Colaboradores

Este libro es el resultado del entusiasmo y voluntad de varias personas que colaboraron compartiendo sus experiencias y recetas. Gracias por ayudarme a culminar una de mis metas de vida.

## Adrián Herrera

CHEF Y ESCRITOR

La experiencia es lo que hizo a este chef. Comenzó preparando platillos para sus amigos; de allí continuó con un carrito de tacos al que bautizó como El Chef Guevara. Abrió La Fonda San Francisco y posteriormente El Manicomio, en honor a su apodo del Loco Herrera. Actualmente se desempeña como juez y conductor del programa Master Chef México y como columnista en Grupo Milenio.

## Alejandro Ruíz

CHEF

Oaxaqueño de nacimiento y de corazón. Tuvo la fortuna de crecer en uno de los estados con mayor riqueza gastronómica y aprender de la mano de su madre Vicenta Olmedo. Se inició en el ámbito culinario como mesero y en 1997 desarrolló el restaurante Casa Oaxaca. Se ha dedicado a promover la gastronomía de su estado generando espacios como "El saber del sabor", festival de gastronomía que a la fecha lleva ocho ediciones.

## Altagracia Fuentes

CRONISTA DE LAS TRADICIONES
GASTRONÓMICAS DEL NORESTE

Investigadora y cronista de la cocina del noreste de México, con más de 3 décadas de experiencia.

## Ángel García

CHEF

Chef del restaurante familiar El Porvenir ícono de la ciudad de Tampico en Tamaulipas. Ha organizado eventos de gran magnitud y sin precedentes en dicha ciudad; como "Cocinando entre amigos, para amigos", una cena que reunió a más de 15 reconocidos chefs en el marco de las celebraciones por los 92 años del Restaurante El Porvenir; así como, el congreso internacional El porvenir de la Gastronomía, cuyo fin fue promover el turismo de la región.

## Arisbeth Araujo

PERIODISTA GASTRONÓMICA

Escritora de temas relacionados con la gastronomía. Ha colaborado en diversas publicaciones nacionales y libros, como *Ven a Comer*. Obtuvo el grado de *sommelier*, aunque ella se autodenomina "guía de vinos". También es publirrelacionista de restaurantes y guía enfocada al turismo gastronómico en la Ciudad de México.

## Arturo Fernández

CHEF

Estudió administración de restaurantes y artes culinarias en México, para posteriormente especializarse y realizar prácticas profesionales en el extranjero; fue uno de los primeros mexicanos dentro de El Bulli. En 2004 ganó la presea de oro en el concurso Joven Chef Mexicano. Es copropietario e instructor dentro del restaurante Raíz en el Estado de México y la Ciudad de México. Asimismo, ha colaborado como juez en diferentes concursos nacionales.

## Beto R. Lanz

PERIODISTA Y FOTÓGRAFO

Su trayectoria de más de 20 años de viajes le ha permitido incursionar en varios terrenos: editor, escritor, productor documentalista, comentarista en radio y fotógrafo y especialista en gastronomía, turismo y cultura. Gracias a estos conocimientos ha participado en más de una veintena de libros. Asimismo destaca como autor de las guías de viaje *Lonely Planet*.

## Carlos Peraza Castro

CAPRINOCULTOR Y MAESTRO QUESERO

Doctor en Fisiología de la nutrición y propietario del rancho La Serpentina, en Querétaro, donde se especializa en la caprinocultura, especialmente en la elaboración de queso, desde hace más de 30 años. Estudió en la Universidad de Soborna en París; al regresar a México, comenzó a compartir sus conocimientos en diferentes escuelas sin descuidar su granja.

## Carlos Valdés

HISTORIADOR DEL NORESTE MEXICANO

Es chef del restaurante Buffalo, en Puebla, donde se ha dedicado a difundir los sabores e historia de los alimentos de dicho estado. Su labor ha sido tal, que

la organización Ganfer lo nombró Embajador de la Gastronomía Sonorense en 2015. También se dedica a apoyar a los productores de una de sus bebidas favoritas: el bacanora.

## Carlos Yescas

EXPERTO Y JUEZ INTERNACIONAL EN QUESERÍA

Propietario de Lactography, una empresa especializada en la venta y promoción de quesos artesanales. Es juez quesero internacional, designado como el único mexicano especializado en quesos latinoamericanos. También es fundador del Instituto Mexicano del Queso, A.C. y es reconocido por apoyar a productores de queso mexicanos en la mejora y profesionalización de su producción.

## Edgar Núñez

CHEF

Chef y socio del restaurante Sud 777, en la Ciudad de México, destaca en su labor de promoción de los productos locales y la elaboración de una cocina mexicana contemporánea. Forma parte de la asociación mexicana de Food Trucks y es dueño de dos: Burguer Lab y Barra Vieja. Ha participado en múltiples festivales gastronómicos y ha asesorado a algunos restaurantes como Ivoire y Landó.

## Federico López

CHEF

Desde muy joven supo que se dedicaría a la cocina, por lo que con tan sólo 18 años fue practicante en el hotel Nikko. Se graduó en The Culinary Institute of America. Posteriormente su carrera se enfocó en las escuelas culinarias. Fue catedrático fundador de la carrera de gastronomía en la Universidad del Claustro de Sor Juana y co-fundador del Centro culinario Ambrosia. Asimismo es parte importante del Wine & Food Festival, y dirige el Taller Gourmet.

## Fernando Gómez Carbajal

FOTÓGRAFO

Es uno de los fotógrafos culinarios más reconocidos en México. Fundó un estudio fotográfico llamado La Carmela donde se ve reflejado día a día su amor por México a través de cada una de las imágenes que captura. Ha trabajado con la mayoría de cocineros del país, en revistas especializadas y en varios libros.

## Francisco Ruano

CHEF

Chef propietario del restaurante Alcalde, en Guadalajara. Su experiencia en el mundo culinario inició trabajando en banquetes y después en cruceros, hasta que tuvo la oportunidad de entrar al Café des Artistes en Puerto Vallarta. Más tarde logró graduarse de la escuela de cocina de Luis Irizar. Realizó prácticas en los mejores restaurantes del mundo y en 2013 abrió Alcalde, donde muestra una cocina sin censura.

## Guillermo González Beristáin

CHEF

Es originario de Ensenada, Baja California pero decidió echar raíces en Monterrey. Desde esa ciudad ha sido un gran impulsor de la alta gastronomía y

del producto local, así como mentor de muchos de los cocineros que hoy figuran en México. Desde 1998 es chef corporativo del restaurante Pangea. Asimismo, es responsable de la marca de vinos Mariatinto y Celesteblanco.

## Humberto Villareal

CHEF

Humberto, *La Manzana*, tiene casi tres décadas de trayectoria. Su carrera dentro del ámbito restaurantero comenzó en 1990 como gerente en la apertura de restaurantes como Chili's y Applebee's. Actualmente es jefe de cocina del restaurante mexicano Bodega 8. Forma parte de la Asociación Nacional de Parrilleros y colabora como chef parrillero en el Fogón Steakhouse.

## Jonatán Gómez Luna

CHEF

Chef ejecutivo de Le Chique en la Riviera Maya. Jonatán es uno de los cocineros de vanguardia en México. A través de técnicas culinarias atrevidas ha aprendido a explotar lo mejor de los ingredientes locales, pero sin olvidar las bases de la cocina mexicana. En Le Chique, ofrece un menú degustación que se convierte en un viaje por la gastronomía mexicana lleno de sorpresas.

## Liz Galicia

CHEF

Chef ejecutiva del restaurante El Mural de los Poblanos desde 2010. Además de cocinar, se enfoca en la investigación de la gastronomía mexicana, principalmente del estado de Puebla, la cual adapta para dar a conocer dentro del restaurante. Asimismo se preocupa por el uso de ingredientes locales y técnicas tradicionales. Ha participado en diferentes festivales culinarios nacionales e internacionales.

## Luis Javier Cué de la Fuente

RESTAURANTERO

Fue presidente de la CANIRAC Puebla. Su pasión por la cocina poblana lo hizo a abrir junto con su hermano el restaurante El Mural de los Poblanos y Cinco Cocina Urbana, donde comparte con el público recetas familiares y otras destacadas de la tradición poblana. También es socio del hotel Descansería.

## María Elena Vázquez Lugo

CHEF

Propietaria del restaurante Nicos, Querétaro. Ha participado como juez en diferentes eventos como el Primer encuentro Gastronómico Inter Comunidades en Tequisquiapan o el concurso Sabor a Querétaro. También ha tenido la oportunidad de compartir sus conocimientos en los Encuentros de Cocineras Tradicionales de Morelos y de Yucatán.

## Maru Toledo

INVESTIGADORA GASTRONÓMICA

Ha consagrado su vida a documentar la riqueza gastronómica del estado de Jalisco. En su trayectoria ha participado en más de 20 libros donde documenta la cocina de su región. Asimismo, es impulsora del grupo Mujeres del Maíz, cuyo objetivo es el empoderamiento de las mujeres campesinas en el occidente de México así como la recuperación de la tradición oral de la Región Valles de Jalisco.

## Ricardo Muñoz Zurita

CHEF E INVESTIGADOR GASTRONÓMICO

Nació en Veracruz y actualmente es chef propietario de los restaurantes Azul Condesa, Azul Histórico y Azul y Oro. Asimismo, es investigador y difusor de la cocina nacional. Entre sus libros destaca el *Diccionario Enciclopédico de la Gastronomía Mexicana*, piedra angular de la cocina mexicana. Ha sido uno de los personajes que más han trabajado a favor de la gastronomía mexicana en los últimos 30 años, impulsando a nuevos chefs e investigadores.

## Sergio Remolina

CHEF

Se ha dedicado a estudiar la cocina mexicana desde el ámbito tradicional. Se desempeñó como docente en The Culinary Institute of America. Asimismo, ha sido invitado a diferentes eventos gastronómicos a nivel internacional para difundir y enseñar la cocina mexicana. Participó como conductor en un programa del canal El Gourmet llamado Como gustes.

# Glosario

**AGAR-AGAR** Sustancia mucilaginosa que se extrae de unas algas abundantes en el océano Pacífico y en el Índico. Se utiliza en cocina como espesante, ya que al diluirse en algún líquido caliente y después enfriarse, adopta la consistencia de una gelatina.

**AL ATAÚD** Método de cocción lenta que permite asar al carbón una pieza de carne grande, como un cabrito o un cerdo entero, dentro de un horno o asador portátil. El ataúd o caja china es una caja de madera recubierta de metal en el interior; la carne condimentada se coloca dentro de ella, se tapa, y encima se colocan las brasas encendidas.

**AL PASTOR** Método de cocción que consiste en ensartar en una gran varilla metálica un cabrito limpio y abierto en canal; éste se pone a las brasas sin entrar en contacto con el carbón y se voltea constantemente de forma manual hasta que se cuece. Por lo general, la carne únicamente se salpimienta y en ocasiones se unta con manteca de cerdo.

**ASADURA** Nombre que recibe el conjunto de vísceras formado por corazón, bazo, hígado y pulmón del ganado vacuno, porcino, ovino y caprino.

**CAPRINOCULTURA** Actividad agropecuaria que consiste en el manejo y crianza de ganado caprino. Se originó en el centro-oeste de Asia hace 9 000 años, desde donde se expandió al resto del planeta. De la crianza de las cabras se puede obtener leche y carne para consumo humano; cuero para la fabricación de diversos objetos, y lana, para la industria textil.

**CHITO** Carne seca y salada de chivo que se consume en Puebla y Veracruz. Su olor es algo fuerte y no es una carne barata. Son pequeñas piezas de carne que dan la impresión de ser un hueso con algo de carne adherida.

*CHUTNEY* Condimento agridulce elaborado con frutas o verduras (o mezcla de ambas) cocidas en vinagre con azúcar y especias hasta que se obtiene una consistencia de confitura. Todos se caracterizan por un jugo con la consistencia del jarabe, muy picante en algunos casos, que cubre los ingredientes.

*CONFIT* Método de conservación que consiste en la cocción larga de una pieza de carne en su propia grasa. Después de la cocción suele guardarse en frascos o consumirse al momento. Por extensión, a la pieza de carne que ha sido cocida con este método se le designa con este nombre, por ejemplo *confit* de pato o *confit* de conejo.

**FRITADA** Preparación que consiste en un cabrito entero cocido en agua, hierbas y especias, al que se le añade su sangre y sus vísceras fritas. El resultado puede ser un guiso caldoso o casi seco. Es el guiso a base de cabrito más común que se prepara en los estados productores del mismo animal: Baja California, Coahuila, Chihuahua, Durango, Guanajuato, Michoacán, Nuevo León, San Luis Potosí, Sonora, Tamaulipas y Zacatecas. Se le conoce también como cabrito en su sangre.

*SUCROESTER* Sustancia derivada de la sacarosa. Es utilizado en cocina por sus propiedades emulsionantes, que confieren textura homogénea a los alimentos, pero sin aportar sabor. En la cocina molecular facilita la elaboración de aires en medios ácidos, alcohólicos o grasos.

**TERMOCIRCULADOR** Aparato de cocina que cuece los alimentos al vacío. Esta técnica de cocción consiste en introducir el alimento que se va a cocer en una bolsa de vacío; una vez cerrada, ésta se sumerge en un baño de agua que se mantiene a una temperatura estable durante toda la cocción. Algunas de las ventajas de este tipo de cocción son: al no tener contacto el alimento con un líquido conserva todos sus elementos gustativos y la oxidación se ralentiza; además, la cocción a la que se somete es delicada y la temperatura regulada, lo cual favorece el control y la conservación de los colores y las texturas específicas del alimento.

**THERMOMIX®** Aparato de cocina multifuncional con la que se pueden aplicar diferentes técnicas a los alimentos, como cortar, amasar, mezclar o cocer en líquido o al vapor.

**VENTRESCA** Producto cárnico obtenido de los músculos ventrales del animal. Está compuesto por la piel y las capas debajo de ésta. En México suele asociarse con el tocino.

# Índice de recetas y preparaciones

# Índice de ingredientes